ゴーマニズム宣言SPECIAL

大東亜論

最終章 朝鮮半島動乱す！

小林よしのり

小学館

ゴーマニズム宣言 SPECIAL

大東亜論 最終章

朝鮮半島動乱す！

これまでのあらすじ

これは明治維新以降、欧化政策を推し進める政府に対して異を唱え、また、アジアに触手を伸ばす西洋列強の帝国主義に対して、日本を中心としてアジアが連携して独立を守ろうと奔走した男たちの物語である。

西郷隆盛らによって明治維新は成し遂げられたが、藩閥政府は専制に堕し、文明開化によって日本文化は蔑《ないがし》ろにされていた。維新をやり直そうと愛国志士たちは各地で蹶起《けっき》したが皆散り、明治10年、西洋文明に批判的だった西郷は、最大にして最後の武装蜂起である西南戦争を起こすも敗れ去る。

西郷亡き後、その精神を受け継いだのが、本作の主人公、頭山満《とうやまみつる》と政治結社「玄洋社」だった。

頭山らは戦いの場を自由民権運動に移す。玄洋社のメンバーは全国各地で遊説を行い、民権運動は盛り上がりを見せる。だが、明治14年に政府が機先を制して、明治天皇の名で「国会開設の詔勅」を出し、明治23年に国会を開設することを表明すると、各地の政治結社の方針の違いもあって、民権運動は急速にしぼんでいった。

そんななか、明治22年、外相だった大隈重信は、欧米との不平等条約の改正を手柄にしようと急ぐあまり、妥協的な改正を進めようとしていた。国会がまだ開設されていない時代に、玄洋社の来島恒喜《くるしまつねき》はそれを阻止するため、大隈の乗る馬車に爆弾を投擲《とうてき》。来島はその場で自刃した。右足を失う重傷を負った大隈は、条約改正を断念する。

そしていよいよ、玄洋社はシナ、朝鮮と手を携えて西洋の覇道に対抗すべく、アジアへと雄飛する。

目次

朝鮮開化派
金玉均
(1851-1894)
朝鮮の元高級官僚。近代化を目指しクーデターを起こすが失敗、日本に亡命する。
朴泳孝
(1861-1939)
金玉均とともに「開化党」を結党。クーデター失敗後、日本に亡命。
クーデター失敗
暗殺命令
朝鮮王室
閔妃(1851-1895)
国王・高宗の妃。一族で国の実権を握る。
対立
大院君(1820-1898)
国王・高宗の父。権力を巡って閔妃と激しく対立する。
朝鮮の独立、清の排除を目指す
支援失敗
庇護・干渉
日本政府
松方正義
(1835-1924)
第4代内閣総理大臣の時に「海軍拡張」か「民力休養」かで国会解散。選挙干渉を行った。
伊藤博文
(1841-1909)
松方内閣瓦解後、後継首相に就任すると民党を説得し、海軍拡張予算を成立させる。
対立
清
袁世凱(1859-1916)
清の軍人。閔妃の後ろ盾となり、朝鮮の内政に干渉する力を持った。

玄洋社

主な登場人物

頭山《とうやま》 満《みつる》
(1855-1944)
福岡藩士筒井家の三男。玄洋社を創設し、その中心人物として多大なる影響力を国内外に及ぼして、「アジアの巨人」として名を馳せた。

的野半介
(1858-1917)
明治19年、小笠原に行き、「配流」されていた金玉均と親交を深める。

月成光
(1862-1910)
条約の屈辱的改正を阻止するため、来島恒喜が大隈重信に爆弾を投擲するのを見届けた。

杉山茂丸
(1864-1935)
経済面で玄洋社の発展に尽くす。後に「政界の黒幕」と呼ばれる。

進藤喜平太
(1851-1925)
玄洋社第5代社長。1906年、衆議院議員に。長年、玄洋社をまとめあげた。

平岡浩太郎
(1851-1906)
玄洋社初代社長。西南戦争に敗れ投獄される。出獄後、自由民権運動に加わる。

叔父

甥

内田良平
(1874-1937)
東学党支援のた
朝鮮に渡る。帰
後、「黒龍会」を設
大アジア主義を
えた。

盟友

連携

選挙干渉の協力を仰ぐ

中江兆民
(1847-1901)
日本にルソーを紹介した自由民権運動の理論的指導者。頭山と非常に親しかった。

荒尾精 (1859-1896)
陸軍参謀本部支那部附将
頭山が「西郷以来の逸材」
激賞した。上海に「日清貿易
究所」を設立する。

ゴーマニズム宣言 SPECIAL
大東亜論 最終章
朝鮮半島動乱す!
第一章
金玉均と甲申事変

東京・谷中墓地
朝鮮改革の志敗れ、再起を目指して日本に亡命した金玉均は、日本政府に強いられた4年もの幽閉生活から解放され、東京に戻ってきた。
来島恒喜之墓
金玉均
来島の遺骨は福岡の崇福寺の墓に。ここには遺髪を収めておる。
銘は勝海舟の揮毫《きごう》じゃ。
頭山 満

言うまでもなく『大東亜論』第三部「明治日本を作った男達」が発売されておる。表紙はカメに乗る頭山満じゃ。お茶目じゃろうが。

ご覧ください金先生。
この常夜灯には「暗夜之灯」と刻まれています。
的野 半介
勝先生が特に感慨を込めて書かれたのですが…
来島君の行動が暗夜の日本に灯を点した、ということだね。
官憲はこの言葉が社会に及ぼす悪影響を恐れて、削るよう命じました。
小さいの〜〜〜お。
日本政府の肝っ玉の小ささはこのくらいかな?
フンコロガシが作った玉くらいだな。
石工が反骨精神を見せ、判読できる程度に削ったのです。
その石工には感謝するばい。
日本人が全部フンコロガシと思われたら
的野君、私が小笠原で君たちと一緒にいたのは、もう何年前になるかね?
4年になります。

「明治日本を作った男達」わしはこんなに分厚い本を出すのは、これが最後だ。記念に買っておく
よかろう。

南洋探検を志して小笠原諸島に来た玄洋社員・的野半介、来島恒喜、竹下篤次郎は、ここに「島流し」にされた金玉均と、約1年にわたって交流を深めていた。
ザザザー
条約改正問題が風雲急を告げているという知らせが来ました。
もし首尾よくこの問題を解決できれば、次は必ず先生と共に朝鮮改革運動にこの命を捧げるつもりです！
あれが来島くんとの最後だったな…
来島の最期は私が見届けました。
来島はあの直前まで、朝鮮革命と条約改正問題、一身でこの両方を行うことができないのは、終生の痛恨事だと嘆いておりました。
あの時、来島が仕損じたら、私が二の矢を放つ予定でしたが、来島は命をかけて事を果たした。
ならば私は朝鮮革命のために来島に代わって命をかける！
どんなことだってやる覚悟です！
月成光
うむ。西欧列強がアジアを侵食してきておる。
いち早く近代化した我が日本がシナ・朝鮮と手を携え、東洋の王道を以て西洋の覇道に対抗する。
それが西郷先生の望みじゃった。

しかし薩長藩閥政府は
むしろ西洋の覇道に与《くみ》し、
西郷の遺韓使節構想を葬り、
自らが西洋にやられた
砲艦外交を朝鮮に仕掛けた。
ドゴオオ。。
西郷はこれに激怒し、
「天理に於いて
恥ずべき所為」
と断言した。
西郷の遺志を継ぐ
頭山満ら玄洋社は、
自由民権結社として
活動する間も、
アジアへ視線を
向け続けていた。
だがそこには、
大きな困難が
存在していた。
清は西欧列強に
侵食されながら
大国意識から
ぬけ出せず、
朝鮮はそんな清の
属国の地位に安住し、
近代化を拒否し、
日本を小国として
蔑視していた。
これでは
アジアの連帯など
夢のまた夢だった。
しかし朝鮮にも、
清からの独立と
国の近代化を目指す
「開化派」と呼ばれる
一派があり、
金玉均はその
リーダーだった。

朝鮮の李王朝の実権は、
国王・高宗ではなく、
王妃の閔妃《みんび》が
握っていた。
閔妃は開化派の
主張を入れ、
日本人教官・
堀本礼造少尉を招聘し、
軍制改革に乗り出した。
ところが、失脚していた
閔妃の政敵
大院君(国王・高宗の父)は、
閔妃は日本に
迎合している！
…と反日暴動を煽動し、
それに乗じて
クーデターを起こした！
王宮は襲撃されて
高官たちは殺害され、
閔妃は行方不明となる。
日本公使館も
焼き討ちに遭い、
堀本少尉や
公使館員らが
惨殺された。
ゴオオオオオ。
明治15年(1882)
7月に起きた
この事件を
「壬午《じんご》軍乱」という。

壬午軍乱を収拾するための政府間交渉に、外務卿・井上馨《かおる》が派遣されるとの報に、玄洋社はいきり立った。
あの腰抜けの井上では、何をしてくるかわからぬ！
西郷従道に頼んで、政府代表団の一員として野村忍介《おしすけ》という男を送り込んだ。
かつて俺と共に西郷軍で戦った男だ。いざとなれば
平岡 浩太郎
…それともう一つ計画がある。
それじゃい！
それが大事
玄界灘を行く博多発大阪行きの汽船・此花丸——
ザザーン
この船はこれから対馬を経由して釜山に行ってもらう！
シージャックで義勇軍を送り込もうという

先発隊は対馬で同志を乗せて釜山に上陸し、さらに平岡浩太郎が率いる後続隊が乗り込むという計画だったが…
ザパーンッ…
海が荒れて船は遅れに遅れ、釜山に到着した時にはすでに交渉は終了していた。
交渉結果は、野村忍介がにらみをきかせていたためか満足ではないものの容認できる内容だった。
来島の墓前
無謀というか一途というか…
昔から平岡の猪突猛進には手を焼くわい。
來嶋恒喜
あの時は頭山翁も完全に乗り気だったじゃないですか！
そうやったかもしれんね。
最初は閔妃も、本気で朝鮮改革に取り組んでくれるものと思っていたが全く違った。
自分の権力さえ保たれれば他はどうでもよかったのだ。

壬午軍乱の暴動を逃れて山中に身を隠した閔妃は、高宗に密書を送った。
高宗はその指示通り、朝鮮に駐屯する清の軍人、袁世凱《えんせいがい》に軍の派遣を要請した。
袁は直ちに軍を派遣して暴動を鎮圧、首謀者の大院君を捕らえ、北京に護送した。
パン
パパーン
パパパンパーン
パーン
パーン
そして閔妃は清国兵に守られて王宮に戻った。
政敵・大院君を倒した閔妃の朝鮮における権力は絶大となった。
それに伴い、閔妃一族が国のあらゆる利益を独占し、庶民は困窮の極みとなった。
朝鮮で権力者の一族が横暴の限りを尽くす構図は、今も一切変わらない。

このとき実質的に
朝鮮の政治の実権を
つかんだのは、
袁世凱だった。
閔妃の権力は全て清の
後ろ盾によるものであり
朝鮮は独立も
近代化も放棄し、
完全なる清の属国に
逆戻りしてしまったのだ。
袁世凱は清の北洋大臣・
李鴻章《りこうしょう》配下の一軍人で
ありながら、朝鮮の内政に
干渉できる大きな権限を
得た。
そして、メレンドルフ
というドイツ人を
国策顧問の名目で送り込み、
間接的に朝鮮政府を操った。
清の属国のままでは
危険だとは認識していた。
そこで来日した
金玉均を礼遇し、
朝鮮改革・独立への
支持を表明した。
ところが朝鮮公使・
竹添進一郎は
メレンドルフの
讒言《ざんげん》を信じ、
金玉均は信用なら
ない男だと本国に
報告してしまった。

来島の墓前──
最初に会った井上馨は非常に愛想がよく、特に意気投合して朝鮮改革について話し合った。
ところが二度目に会った井上は、別人のように冷淡だった。
あの屈辱は、今も忘れられぬ。
同じ人間が、こうも変われるものなのか、日本人とはこんなものかと思ったものだ…
井上馨はそういう男だからな…
日本人の風上にも置けぬ
それとあの時の公使、竹添進一郎も。
明治17年（1884）10月31日、朝鮮・日本公使館
いや〜〜、僕としたことが、メレンドルフなる者に騙されて、君を大変誤解してしまった。
なんともお詫びのしようもない！
だがこの償いは必ずする！
僕は微力ながら君達を助けて朝鮮改革に尽くそうとさえ思っているのだ！
竹添進一郎
それは、日本政府の方針がそう変わったからですか？
金玉均
国家の方針というものは決して一所に膠着《こうちゃく》するものではない。
時に従って変じ、時に応じて動くのが

朝鮮を改革し、清国のくびきを脱するには、
日本の力がどうしても必要だと言い続けてきた。
ところが日本の態度は変幻常なく、我々はどれだけ困苦を重ねてきたことか。
それを今になって、あなたがそんなことを言い出す意味がわかりません。
あるものか!
清国は今、安南(ベトナム)を巡ってフランスと戦争状態で、崩壊の危機にある。
今なら朝鮮まで手を回せないはずだ。
この機会を利用しないでどうする!
それともこの竹添が信用できぬと言うのか!?
日本政府の方針が変わったのは間違いない。
そうでなければあの弱虫がああまで威勢のいいことを言うはずがない。

大東亜論 第三部「明治日本を作った男達」は、決して過去の話ではない！ 自由民権運動の論客・植木枝盛が言う。「人民が政府を信じれば、政府はこれに付け込んで賊と化す。世に良政府などない！」 現代に合わせて作ったようなセリフだが、本当に当時植木が言っていたことだ。いま明治に学ぶことは無限にある！ 必読!!

いや、あの男、軽率すぎる。
「清はフランスに負ける、朝鮮改革は是非とも進めねばならぬ、それは日本政府も望むところだ」と言いまくっているぞ。
朴泳孝
日本公使館――
金玉均め、何かというと俺のことを不信の目で見おる。
そのくせ日本の力を頼りにしている
こうなったら一刻も早く事を挙げ、機先を制するしかない。
それが彼らのわからんところさ。
明治17年12月4日郵政局の裏の民家の屋根など数か所から発火した。
カンカンカンカンカンカン
火事だ――っ！
火事だぞ――っ！
ひ――っ
だれか――っ
ぎゃっ…
ドッ
さては開化派か

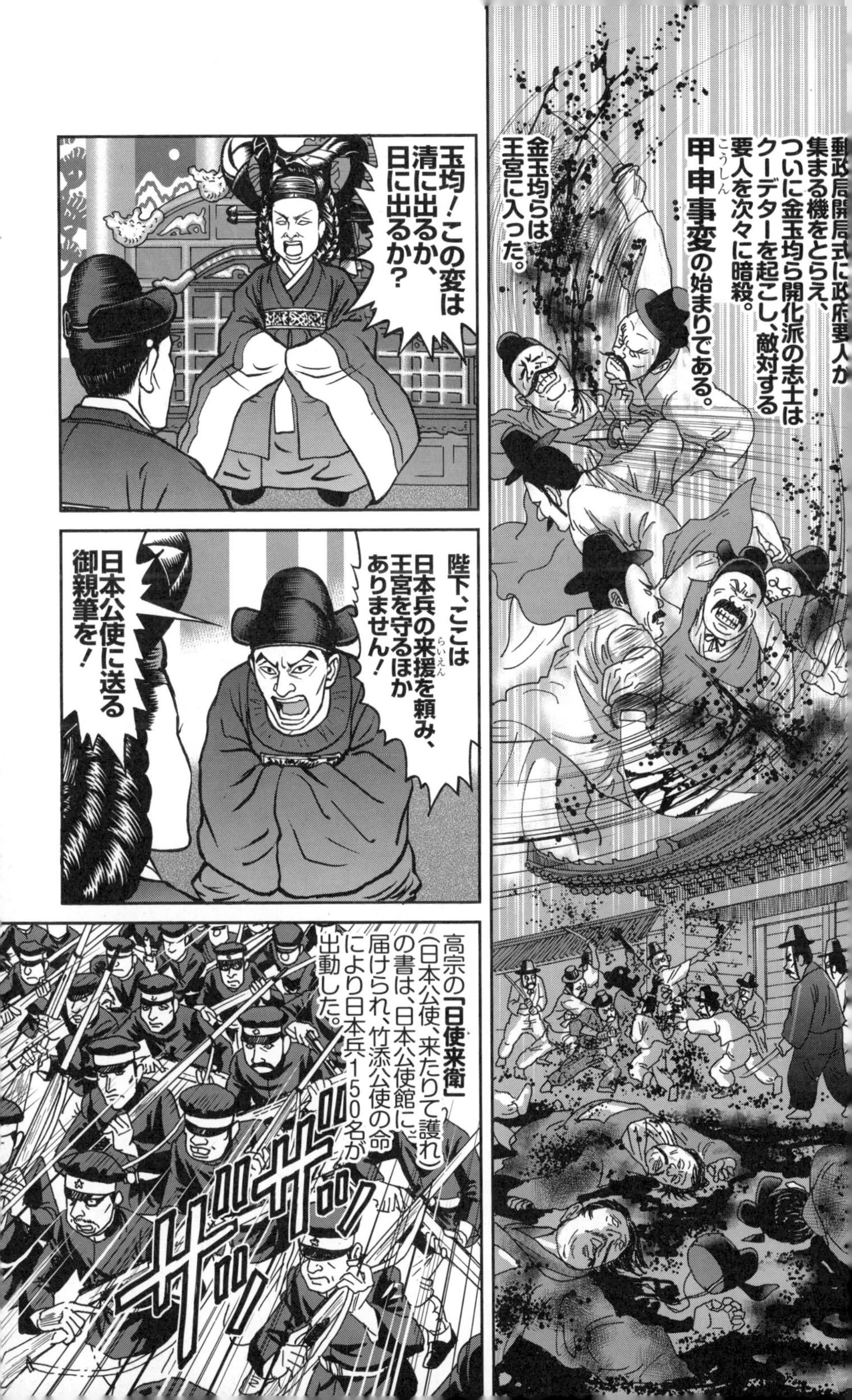
郵政局開局式に政府要人が集まる機をとらえ、ついに金玉均ら開化派の志士はクーデターを起こし、敵対する要人を次々に暗殺。
甲申《こうしん》事変の始まりである。
金玉均らは王宮に入った。
玉均！この変は清に出るか、日に出るか？
陛下、ここは日本兵の来援《らいえん》を頼み、王宮を守るほかありません！
日本公使に送る御親筆を！
高宗の「日使来衛」(日本公使、来たりて護れ)の書は、日本公使館に届けられ、竹添公使の命により日本兵150名が出動した。
ザッ
ザッ

金玉均らは翌日
新政権を組閣。
さらに翌6日
早朝には
新政府政綱を
発表した！
だが閔妃は秘かに
使いを出して
袁世凱に派兵を
要請、
清国軍1500名が出動し
王宮を包囲した！
竹添さん！
何を言い出す
のです？
いま手を引く
なんて！
でも、
もう新政府は
立派に出来上がっ
たのだし、
いつまでも
我々がいると
清国が
どう思うか…
国王の御親書が
あれば大丈夫と、
あなたが
言ったんじゃ
ないですか！
しかし、
袁世凱の
態度が
ここまで
強硬とは…

国王の命により王宮を守っている、で押し通せばよい!
ずいぶん強く出たな。
僕にはそういう勇気はない。
勇気がないって?
ここまで計画が進んだものを、今さら手を引くということがあるものですか!
そんな、怒ってもらっては困る…
大変だ。武器庫を調べたら…
ほとんどの銃がさび付いて使い物にならん!
何だと…!?
大至急、分解掃除をするんだ!
竹添さん、こういう有り様です。
あと3日、せめてあと3日待ってください!
あああ…つい勢いに駆られて、とんだ深入りをしてしまった〜〜〜〜っ!
竹添に、全面衝突は避けるようにとの訓令が届いていたのだった。
だがついに、戦火の火蓋《ひぶた》は切って落とされた。
オオオオオ
パン
パパパ
パパパ

中隊長が戦死されました！
居留民も多数殺害されていますっ！
前門が突破されました！
ああ…もうだめだっ。
だめなことはありません！
もう少しの奮闘ですっ！
袁世凱さえ防ぐことができれば、こっちの勝利です。
陛下は我々を信頼しておられます！
あああああああ…
陛下が王妃と一緒に清軍に投ぜられ…
輿《こし》で袁世凱の屯営へ向かわれた！
止めようとした同志は全員、清兵に殺された！
もはやこれまでだ！
一行は命からがら落ちのび、仁川で日本商船千歳丸に乗り込むことができたが…

メレンドルフが追跡してきて、竹添に引き渡しを求めた。
玉均らを引き渡さなければ、重大なる国際問題になりますぞ!
下船しろってどういうつもりですか!?
そっ…それは困る…
勘弁してくれ。
もう僕の力ではどうにもならんのだ。
待たんかい!
船長……
この船は政府の御用船ではない。
一行を乗せたのも私の判断だ!
もし彼らを下船させたなら、ただちに虐殺されるはず。
私はたとえ公使が命ぜられるとも、人道上、断じて下船させるわけにはいかない!
しかし断ったら清国兵を船内に入らせ、腕ずくでも奪うと…
陸地のことならどうにもできないが、船内のことは私の権限下にある。

しかし安倍政権は戦後最悪の政権だった。「皇統」の問題はあるが、わし個人としては「共謀罪」を通されたのは腹が立った。復讐は諦めていない。

いかなる人でも私の船内では、一切、無断で入り込んで誰をも捕らえることはできないから、安心しろ！
ザザー
わずか二日の夢だったな。
そして43人の仲間が今では9人…
うむ…
何にしても兵力が足りなかった。
いや、兵力の問題ではない。
この失敗を生んだのは、私の矛盾からだ。
どうしても日本が信じられない…
どうしても日本のほかに頼る国はない…

「共謀罪」通過に加担した者は、今後「敵」として認識することを止めない。

朝鮮に残った同志の家族にまで報復の手はおよび、ことごとく虐殺されてしまった…
私の妻と娘も、その後、一切の消息を聞かぬままだ。
生きてどこかに落ちのびていてくれと願わぬ日はない…
そうだ頭山君、君にも妻と子供がいるのだったな？
頭山は明治18年（1885）15歳年下の許婚、峯尾と結婚した。
妻はいるか…
子供はどうだっけ？
福岡に妻子を残したままというのはよくないぞ！
妻子に会ってやるべきだ！
新橋——
金玉均のやつ、しまいには妻子に会え、妻子に会えの一点張りで…
何の話をしてたのか、わからなくなりそうじゃった。

『大東亜論』第三部「明治日本を作った男達」を保存版とせよ。男尊女卑ではなく、男とは何かという答えを背中で伝えられる作品である。

頭山翁、子供、生まれたんでしたっけ？
……
あっ…
そういえばまだだったな。
それを忘れてるってあるかな？
しかし金玉均も本当にいいやつなんだが、ああいうところが堅すぎるのは、困ったもんだな…
三味の音…
いい音だのう〜〜〜。
この弾き方はいい具合に熟した30代半ばと見た。
子供もいないしちょっと寄って行こう。
あんれ〜〜福岡の妻は？
そのまま頭山は新橋の料亭・濱《はま》の家《や》に3年以上も居続けることになる。

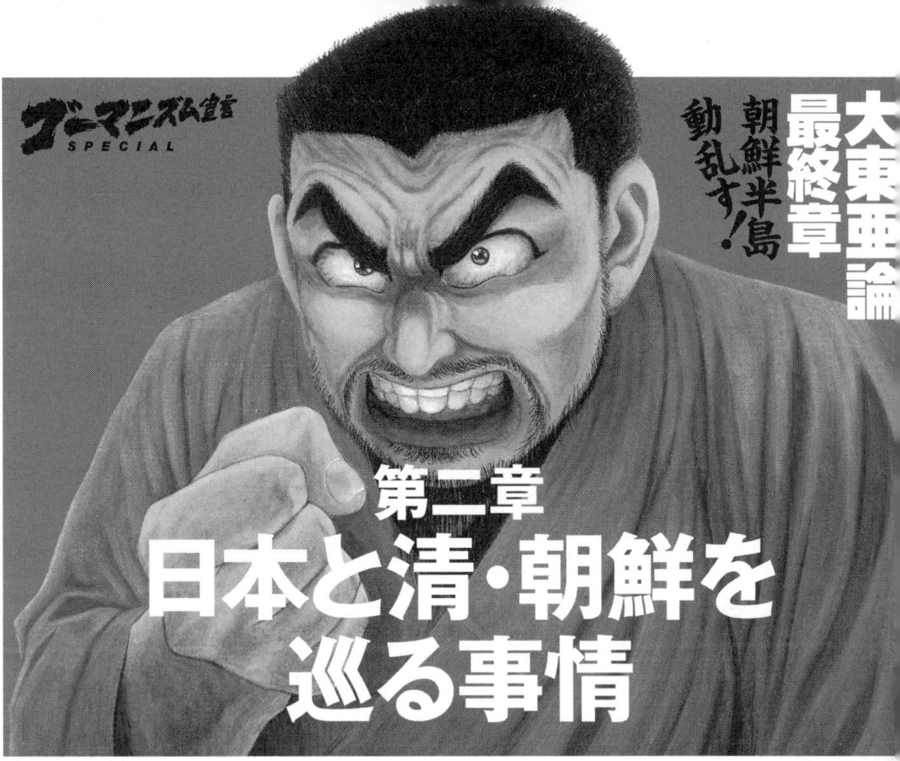
ゴーマニズム宣言
SPECIAL
大東亜論
最終章
朝鮮半島
動乱す!
第二章
日本と清・朝鮮を巡る事情

頭さま、この広い背中が
苅藻《かるも》のお気に入り。
男は女を前からでも後ろからでも抱けるというのに、
女は男を後ろから抱けないのは、不公平やな〜〜〜ァ。

女優の黒木瞳さんから、「大東亜論」第三部『明治日本を作った男達』の感想を頂いた。すごく嬉しく、励みになる。頑張って描くぞ！

はっはっは…
男根《マラ》は男の前についておるからなあ。
つまらん。つまらん。
ぺろぺろ
わお…
ぞくっとするではないか！
しかし、危ないなぁ、日本も…
なんですか？
袁世凱《えんせいがい》は今や京城に常駐して国王の廃立まで企み、朝鮮を清の版図に収めようとする意図をもはや隠そうともしない。
これに対して朝鮮政府内には、ロシアに接近しようという勢力が興っておる。
朝鮮政府内の問題は、いつ分裂・抗争に変じるかもしれぬ。
だがこの障害は、今の日本で取り除くことはできぬ。

『明治日本を作った男達』読者感想／連載だと話の繋がりが把握し辛かったのですが、人物
付きの単行本で読むと雑誌より大分頭に入りやすくなりますね。前巻までの武力決起と比べて、
中心であろう自由民権篇は地味で大人しい展開になるかと思いきや、登場する人物たちの所属陣
思想善悪、男女の別を問わぬ熱意と展開に全く飽きることなく読み切ってしまいました。(anamochi

アジアに押し寄せてきた「西勢東漸」の時代。
日本も欧米列強に対抗しうる近代国家にならなければ、植民地に転落する！
この危機感は日本人の総意であり、だからこそ明治維新は達成された。
もちろん、維新に重大な矛盾や錯誤があったことは、ここまでの『大東亜論』に描き、今後も描いていくのだが、それはひとまずおく。
小林よしのり
問題は、日本と一衣帯水《いちいたいすい》の関係にある朝鮮半島だった。
植民地になってしまったら、日本には国を守る術がない。
ほしいものですねぇ〜。
そうなんじゃ。朝鮮も自力で立って、欧米列強に対抗しうる近代国家になってもらわにゃ、日本の命運にかかわる重大問題なんじゃ！
頭さんは自力で立ちすぎのような…
おっ…ホントじゃ！

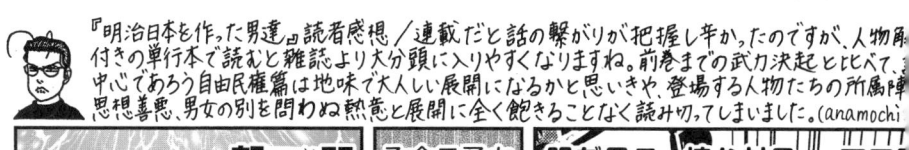

『明治日本を作った男達』読者感想／大東亜論第三部、面白いです！TPP論の頃よりも、頭山満をはじめ、登場人物が小林先生のキャラの魅力をより取り込んで、生き生きと暴れているのがいいですね。明治の男達の豪胆さと骨太さと行動力に引き込まれ、さらにそのキャラがよしりん作品独特の濃い魅力をもふりまいているのが楽しいです。（皿うどんボンバーさん）

だが朝鮮は、頑なに近代化を拒んでいた。
当時の朝鮮は「李氏朝鮮」の王朝（李朝）だった。
過去にさかのぼるが、1392年、将軍・李成桂《りせいけい》が高麗朝を倒して新王朝を成立させ、500年の歴史を重ねていた。
ただしその歴史とは、「シナ王朝の属国」としての歴史に
李成桂が実権を掌握した当時、シナでは明王朝が成立して間もなく、太祖（始祖の皇帝）朱元璋《しゅげんしょう》の治世だった。
李成桂は、まず明の太祖に使節を送って即位の承認を求め…
翌年さらに使節を送り、「朝鮮」と「和寧」のどちらかを国号に選んでほしいとお伺いを立てた。
朝鮮
和寧

『明治日本を作った男達』読者感想／植木枝盛の演説にあった「世に単なる良政府などない」
完全に真理だと感じました。これは、たとえどんな時代であっても必要不可欠な『国民の態度』
思いました！そこに保守やリベラルといった思想的立場など全く関係ない！そして安倍政権の私
私欲の腐敗を容認してしまったのは、残念ながら国民側に原因があると思うようになりました。（カレーせんべい

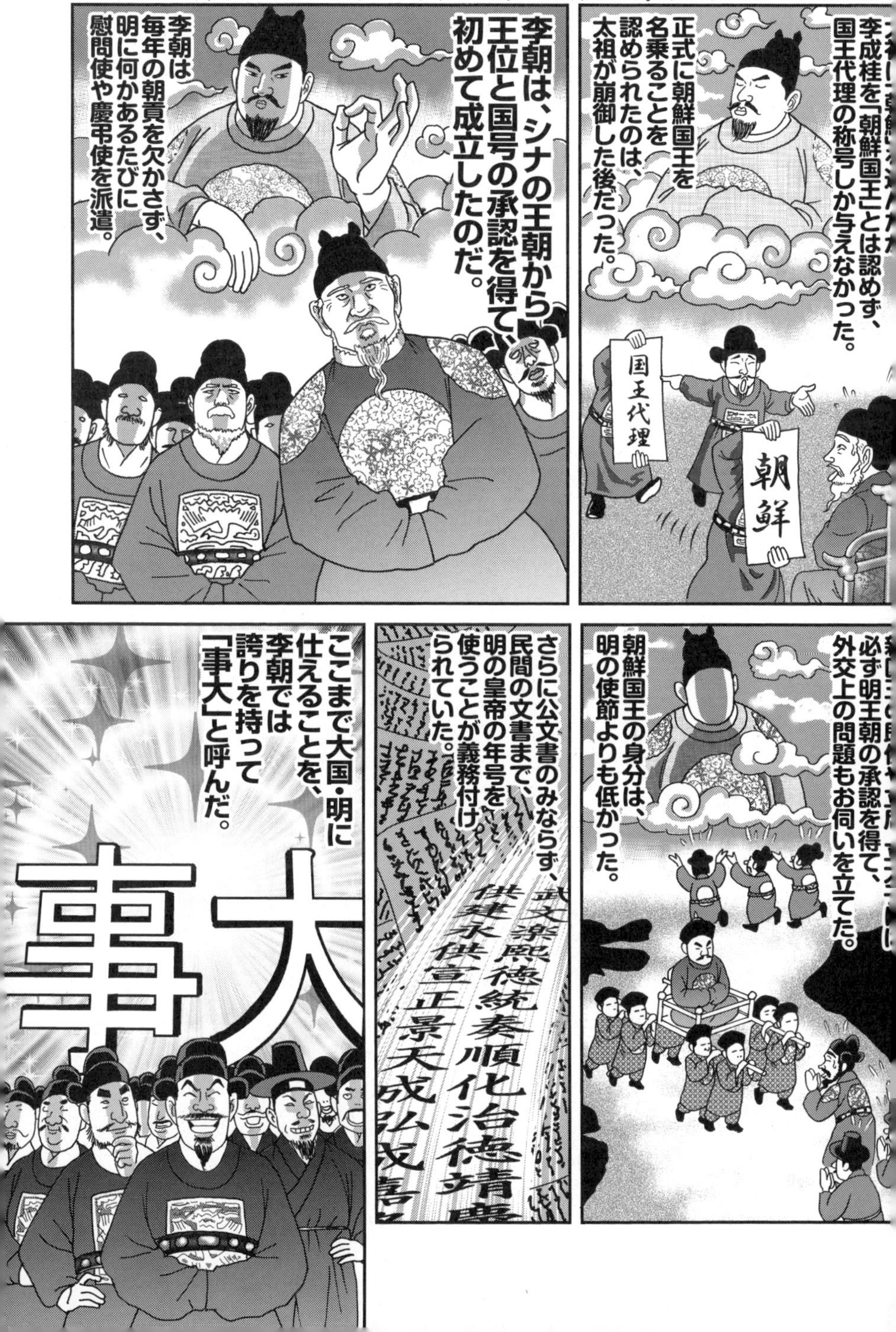

李成桂を「朝鮮国王」とは認めず、国王代理の称号しか与えなかった。
正式に朝鮮国王を名乗ることを認められたのは、太祖が崩御した後だった。
国王代理
朝鮮
李朝は、シナの王朝から王位と国号の承認を得て、初めて成立したのだ。
李朝は毎年の朝貢を欠かさず、明に何かあるたびに慰問使や慶弔使を派遣。
必ず明王朝の承認を得て、外交上の問題もお伺いを立てた。
朝鮮国王の身分は、明の使節よりも低かった。
さらに公文書のみならず、民間の文書まで、明の皇帝の年号を使うことが義務付けられていた。
ここまで大国・明に仕えることを、李朝では誇りを持って「事大」と呼んだ。
事大

「FLASH」で月1連載している『よしりん辻説法』の評判が高い。政治に関わらず、映画やセックスの問題まで描いている。面白いぞ。

「事大」…それは孟子の「小を以て大に事《つか》うる者は其の国を保《やす》んず」という言葉に由来するもので、小国は徹底して大国に仕えることで、初めて国の安寧《あんねい》が保障されるというのだ。
朝鮮を侮《あなど》ってばかりはいられない。
戦後の日本はアメリカに対してまさに「事大」であり、徹底してアメリカに従属する道を選んでいる。
日本人の中にも、「事大主義」の国民は圧倒的に多いのだ。
「事大主義」の思想は、李朝に始まったものではない。
7世紀、「新羅」は「唐」の後押しで韓半島を統一し、「唐」の属国として
以降、時代によって多少の差や例外もあるが、朝鮮は千年以上、王朝が代わっても歴代シナ王朝の属国であり続けた。
それは単に属国に「甘んずる」という感覚だけでなく、権力の確立と政治の安定のために、自ら進んで属国化を望んでもいたのだ。
シナには「華夷《かい》秩序」という太古からの世界観があった。
シナの王朝こそが文明の中心＝中華であり、その周辺にいるのは蛮族＝夷狄《いてき》である

そこで李朝は独自の
文化を捨て去り、
徹底的にシナ王朝と
同一化しようと努めた。
朝鮮はもともと
仏教国だったが、
シナに倣《なら》って
国教を儒教として、
政治体制や社会秩序など、
国家統治の理念の全てを
儒教に基づくものとした。
そのため仏教は
徹底的に弾圧を受け、
寺院のほとんどが
破壊され、
多くの仏像が破壊を
避けるため、
日本に持ち込まれた。
ところが現在の韓国人は
これを**「倭寇が盗んだ」**と
言い掛かりをつけ、
対馬の寺にある仏像を
盗み去り、韓国の裁判所は
これを合法だとした。
デタラメの極致である。
仏像「倭寇が略奪」
韓国の地裁
「韓国の寺に所有権」
最近、儒教についての
知識がまったくないままに、
ネットの中の知識レベルで、
**「中国・韓国は儒教に支配
されているからダメ国家で
あり、日本は儒教国家では
ないから良い国だ」**とする
ヘイト本が売れていた。
これを読んでも
儒教については
全く分からない。
儒教に支配された中国人と韓国人の悲劇
21世紀の『菊と刀』…全く新しい「日本人論」です!
ただひたすら
中国・韓国へのヘイトが
連ねられているばかり。
福沢諭吉は、当時の
封建的な日本人に、
自由・平等・個人主義や、
独立心を啓蒙するため、
儒教を批判したが、
武士の教養
だった儒学は
日本人の
精神を
作っているし、
わしも「論語」
から学んだことは
大きかった。
そして宗教としての
儒教にも、日本人は
大いに影響されている。

わしは真言密教の寺に生まれたが、日本人の死生観は仏教よりも儒教に影響されている面が大きい。
わしの生家である寺には墓がない。
本来、仏教では、死ねば魂は肉体を離れ、仏陀になるか、輪廻転生しているから、遺体や骨には意味がないのだ。
墓も作らなくていいし、遺骨は単なるモノだから、散骨しておけばいいわけだ。
日本人は死生観が儒教に支配されている。
だから、わざわざ無意味な墓を作り、遺骨を納め、
お盆になると墓参りしなければと、
戦地に散った兵士の遺骨を回収するのは、遺骨に魂が宿るとする儒教の考え方である。
仏教徒として見れば、靖国神社に英霊がいるとするのも不可解である。
仏教徒として見れば英霊は輪廻転生の輪からも脱出して、仏陀になっているとも考えられるからだ。
日本人の死生観は、宗教的にはいまだに儒教に影響されたままであり、
儒学の「礼」の作法の浸透度としては、武士の時代があった分、中国・韓国よりも上だ、と言えるだろう。

さて シナ文化との
同化を進めた李朝は、
自らを「小中華」と
自任した。
ところが本家の「中華」たる明王朝を、
夷狄である満州の
女真《じょしん》族が滅ぼし、
清王朝を樹立する
という大転換が起きた。
清
李朝
李朝はやむなく
清に「事大」するが、
その一方で清を
「夷狄」として蔑視
するという、
大変な矛盾を
背負い込んでしまう。
そこで李朝は
清の属国でありながら、
正統の中華主義は
もはや清にはなく、
わが李朝にのみ
存在するのだと
誇るようになる。
だが広大なシナの
中央集権体制を
狭い韓半島で模倣し、
しかも本家よりも
徹底させようとしたため、
李朝は世界にも
例のない硬直しきった
官僚国家になった。

朝鮮で官僚になる資格を持つ支配階級を「両班《ヤンバン》」といった。
両班とは文官（文班）と武官（武班）の総称だが、李朝は武官の地位が著しく低かったため、普通「両班」といえば文官を指す。

両班は官職に就けなくても世襲である上に、カネで地位を買うなど不正な手段で両班になる者が横行し、李朝末期にはなんと総人口の半数近くが両班になっていた。

多すぎる両班はただ官職を得るためにのみ動き、不正が蔓延。
さらに両班たちは派閥に分かれて血みどろの権力闘争を繰り返した。
目的は自らの官職や派閥の権力の維持だけで、公のための政治を考える者は誰もいなかった。

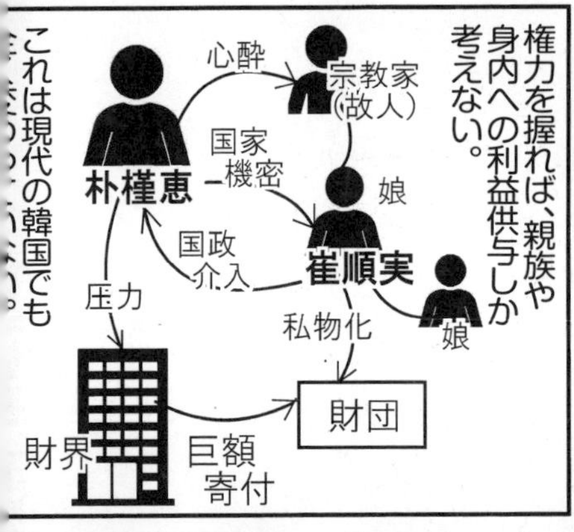
権力を握れば、親族や身内への利益供与しか考えない。
宗教家（故人）
心酔
朴槿恵
国家機密
娘
崔順実
国政介入
娘
圧力
私物化
財団
財界
巨額寄付
これは現代の韓国でも

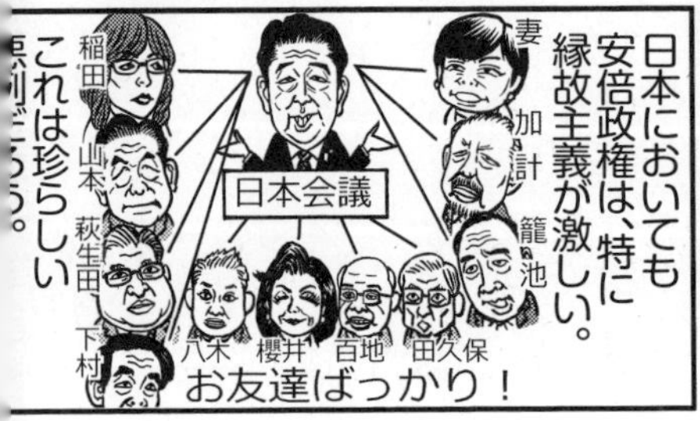
日本においても安倍政権は、特に縁故主義が激しい。
妻
加計
籠池
稲田
山本
萩生田
下村
日本会議
八木
櫻井
百地
田久保
お友達ばっかり！
これは珍らしい

両班の果てしない党争で
行政はほとんど機能せず、
まともな軍事力もない。
農民は徹底的に
収奪され、
各地で一揆が
頻発。
李朝は崩壊寸前の
状態だった。
そんな中、1863年に
国王が後嗣のないまま
亡くなり、傍系王族で
11歳の**高宗**が即位。
その父・
興宣大院君《こうせんだいいんくん》が
補佐役として
政治の実権を握った。
「大院君」とは、李朝における
存命する国王の父の称号だが、
興宣が歴史上に大きく名を
残したため、「大院君」といえば
興宣を指すようになった。
大院君は李朝初期の
専制君主政治を復活させ、
個人独裁体制を作り上げた。
両班たちは党争に
あけくれていたため、
協力して独裁者と
戦うことができず、
恐怖支配に屈して
大院君への忠誠心を
示す競争を始めた。
この構図は
現在の北朝鮮や
軍事独裁時代の
韓国と
全く同じである。

当時はすでに清が
列強国に脅かされていたが、
大院君の外交は
欧米をも「夷狄」として
徹底的な「鎖国攘夷」を
実行し、
一方で
清朝への服属を
強めるという、
完全に時代の流れに
逆行するものだった。
大院君の治世は
10年を超えた。
国王・高宗は
成人したが、
全く政治の実権は
与えられなかった。
だが、高宗の后・閔妃《みんび》は、
閔氏一族と組み、
大院君に不満を持つ
両班たちを糾合して
一大勢力を築き上げ、
ついには大院君を
引退に追い込んだ。
こうして高宗による
国王親政となるが、
実権を握ったのは
閔氏一族であり、
権力を握った閔氏一族が
国の全ての利益を私した。
これまた朝鮮で
今も繰り返され続ける
事態である。

19世紀後半の動乱の時代に、
李朝は頑迷固陋《がんめいころう》な観念を抱えたまま、内紛だけを繰り返していた。
これでは早晩、朝鮮半島は列強の手に落ち、日本も国を守れなくなる。
明治政府は朝鮮に開国・近代化を働きかけるが、日本を「夷狄」として侮蔑している李朝は聞く耳を持たなかった。
征韓論も、西郷隆盛の遣韓使節構想も、砲艦外交による朝鮮開国も、全てはそれが原因だったのである。
ドゴオオォ
そんな中で朝鮮を近代国家にしようと真剣に考えていたのは金玉均をリーダーとする「開化派」と呼ばれる若手官僚のグループで、これだけが唯一の希望だった。

クリストファー・ノーランの『ダンケルク』を見た。ものすごい臨場感だった。そして民間船団の光景を見たとき、国民国家の意味というものを思い知った。感動的な映画だった。

ところが失脚していた
大院君が復権を目指して
クーデターを起こし、
閔妃はあろうことか、
清の袁世凱《えんせいがい》に
軍の出動を要請し、
クーデターを鎮圧した。
これを機に、李朝は
清によって飛躍的に
属国化を強められた。
それまで
シナの王朝は
朝鮮の内政までは
干渉していなかったが、
これ以後は、内政も
清が操るようになる。
しかもその実権を
握ったのは、
清の北洋大臣・
李鴻章《りこうしょう》配下の
一軍人にすぎない
袁世凱だった
のである。
これによって金玉均ら
開化派は全く勢力を失い、
明治17年（1884）、
起死回生をかけた
クーデター
甲申事変を起こした。
これには日本の後ろ盾が
不可欠だったが、
日本に清と全面対決する
だけの覚悟がなかった
ために失敗してしまう。

クリストファー・ノーランの「バットマン」『ダークナイト』三部作は良かったなあ。3回は見たんだけど、ま
見たくなるなぁ。

日本を守るためには
朝鮮を独立させて
近代国家にするしかなく、
そのためには朝鮮を
清から引き離すしかなく、
そのためには日本が
清と全面対決するしかない、
これは、そのちょうど10年後に
勃発する「日清戦争」の伏線となった。
そして甲申事変から
2年後の明治19年(1886)、
もう一つの、日清戦争の
伏線となる
「長崎事件」が起きた。
8月1日、清の
北洋艦隊4隻が
ロシアのウラジオストク
から清への帰途、
燃料補給と
艦艇修理の名目で
長崎に入港した。
海軍力を増強しており、
寄港した4隻のうち
「定遠」「鎮遠」は
排水量7000トン。
ザザザ
当時の日本海軍は、
排水量4000トン級の巡洋艦
「浪速」「高千穂」を擁するのみで、
寄港した北洋艦隊の威圧と
恫喝の効果はすさまじかった。

8月13日、丸山遊郭で
清の水兵5人が
女郎買いをめぐる
いざこざから
暴行事件を起こした。
丸山派出所の
警察官がかけつけ、
いったんはその場を
しずめたが…
その後、士官以下10数名の
水兵が派出所を
取り囲んで騒ぎ…
遊郭で暴れた
水兵一人が
先ほどの巡査に
斬りかかった。
巡査は
頭を斬られて
出血しながらも、
応援の巡査と共に
逃げる水兵を追い…
逮捕した。
しかし当時の日本は
治外法権で外国人は
処罰できず、
県警は清国領事館に

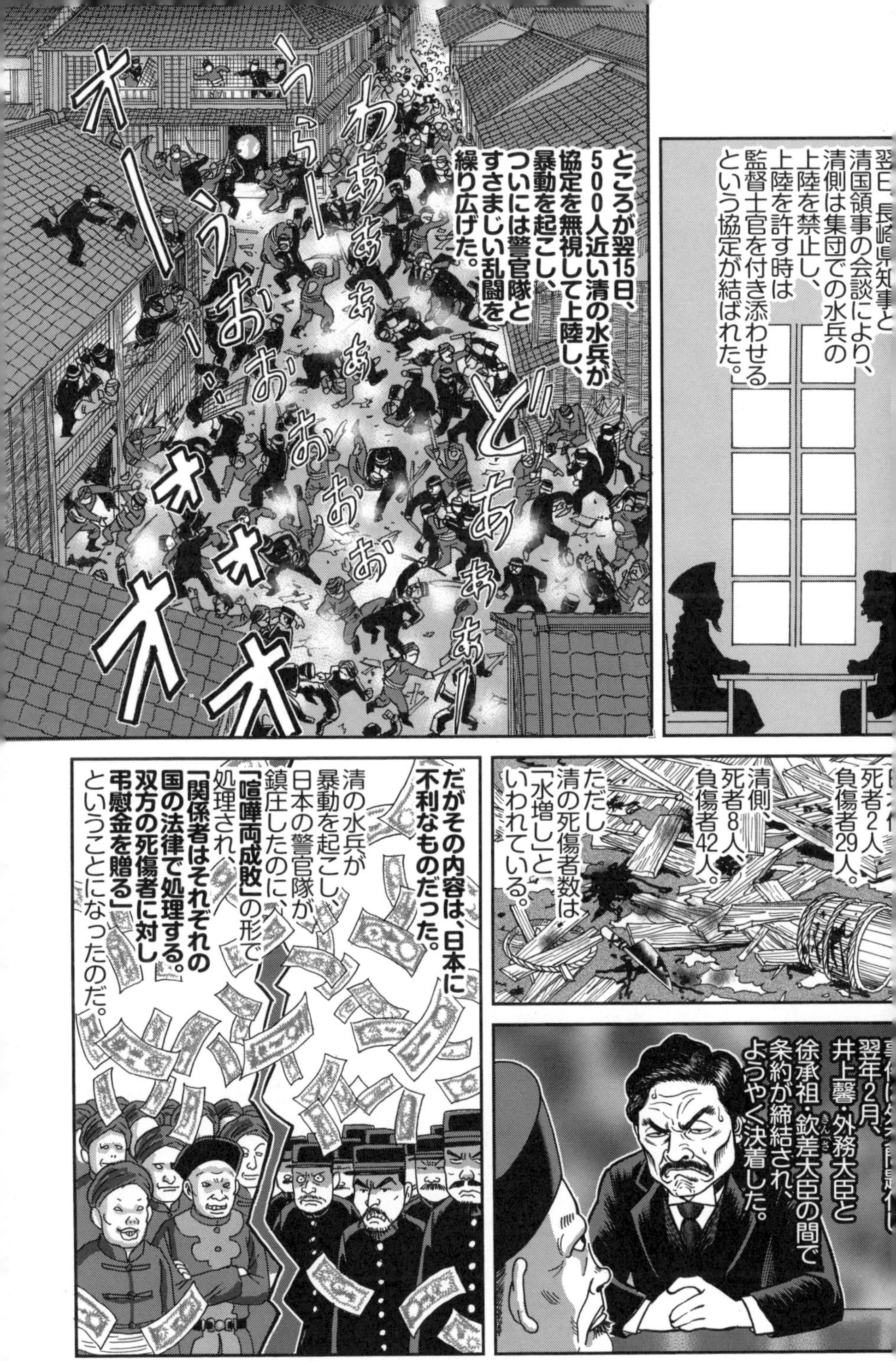
翌日、長崎県知事と清国領事の会談により、清側は集団での水兵の上陸を禁止し、上陸を許す時は監督士官を付き添わせるという協定が結ばれた。
ところが翌15日、500人近い清の水兵が協定を無視して上陸し、暴動を起こし、ついには警官隊とすさまじい乱闘を繰り広げた。
うらーっ
わあぁぁぁ
オーッ
どああああ
オォォ
死者2人、負傷者29人。
清側、死者8人、負傷者42人。
ただし清の死傷者数は「水増し」といわれている。
翌年2月、井上馨・外務大臣と徐承祖・欽差《きんさ》大臣の間で条約が締結され、ようやく決着した。
だがその内容は、日本に不利なものだった。
清の水兵が暴動を起こし、日本の警官隊が鎮圧したのに、「喧嘩両成敗」の形で処理され、「関係者はそれぞれの国の法律で処理する。双方の死傷者に対し弔慰金を贈る」ということになったのだ。

憲法9条第2項をそのままで自衛隊明記って、アホぬかせ！自衛隊のままPKOとか、集団的自衛権とか、ガンジー主義じゃないんだからな。自衛隊は軍隊にしなければ危険すぎる。

しかも清の死傷者の方が多いことにされたため、弔慰金の支出額は清が1万5500円、日本が5万2500円と、被害国の日本の方が多く支払うことになってしまった。
日本を小国として露骨に侮蔑する態度を示した清と、それに抗《あらが》えなかった政府に対して、日本中が憤慨した。
井上め〜〜っ！
やっぱりこんな腰抜けの決着か！
杉山 茂丸
そもそも明治4年の日清修好条規では、開港地で凶器など持って抵抗した者は、その場で殺してもかまわんことになってるだろうが！
軍事力じゃ！
特に海軍力にあれほどの差があるから、こんな屈辱を受ける
しかも今は英独仏が清国を支援していて、
日本は孤立状態だ。

海軍力を増強し、清を叩く！
西洋に、そして朝鮮に、アジアの大国は清ではなく、日本であることを知らしめねばならぬ！
そうせぬ限り条約改正などできぬし、
朝鮮の近代化も望めぬ！
海軍力増強は、その後一貫した玄洋社の主張となる。
そして玄洋社はアジアへの関心を一層強めていった。
とはいえ、頭山満が自らアジアの地に乗り出して行ったわけではない。
それどころか頭山は一時期、新橋の料亭・濱の家に居続け、めったに外出もしないほどだった。
出かけるのは、馴染みの花魁《おいらん》菿藻に会いに行く時くらいで…

苅藻は頭さまから遠いお国のことを教えてもらうのが好きで、楽しくて…
苅藻はえらいな。閉ざされたこの花街から、国の内外にまで感心を持っとる。
頭さまが思っていること…
頭さまが心で見ているものを知りたいだけで、
わしは知りたがる女が好きじゃけん…
頭山は濱の家にいながら、実は日本中の誰よりもシナ・朝鮮の情勢に精通していた。
朝鮮事情は、金玉均から事細かに聞いていた。
当時、朝鮮についてこれ以上に詳しい情報は
そしてもう一人、自らシナに乗り込み、最も詳しく、正確な情報を収集して、頭山に伝えていた人物がいる…

くんくんくん
いいニオイやねぇ
苅藻のここ…
頭山さま、
佐々さまと
荒尾さまが
おいでです。
留守と
言ってくれ。
入らせて
もらうぞ、
女将！
からの盟友・
佐々友房。
そして
陸軍参謀本部
支那部附将校・
荒尾精である。
う〜〜〜〜ん
くっちゃい
の〜〜〜お。
女の匂いが
充満しとる。

『明治日本を作った男達』読者感想／何だかわからないけれど、大東亜論を読んでいると希望が湧いてきます。なんでかな？きっと頭さまやその他の登場人物が日本の為に何かすることを厭わず、前に向かってズンズンと進んでいるからだろうなと思う。（よっしーさん）

留守と言っとるのに〜〜〜。
頭山さん、いくらなんでも道楽がすぎる！
もういい加減、転宿してもらえんか!?
頭山、わしからも頼む！
おや？私たちの仲を引き裂く殿方？
わしがここを出て何の役に立つっちゅーとね？
我々でやるしかないんです！
我々が清の改革を仕掛けるしかない！
頭山さんの智恵や威光で人を動かしてほしいっ！

『明治日本を作った男達』読者感想／現行憲法だけでなく明治憲法も「押し付け憲法」であること。言われてみれば、確かにその通りです。「日本人が真に自分たちの憲法を考えるのならば、まずは自由民権運動の私擬憲法に立ち返る以外にないのである。」現代に生きる私たちが、明治時代の人々の
うに、言葉を真剣に紡いで公論をまとめていくことができるのかを問うている本だと理解しました。(はえちゃん

頭山満ーーっ！
がばっ
きゃっ
あんたがいないとみんな元気が出らんのじゃっ！
私だって頭さまがいなきゃ、元気出らんし〜〜〜。
あんた〜っこの男は日本に必要なんじゃ〜〜〜っ！
この荒尾精こそが頭山が「大西郷以来の逸材」と評するほど惚れ込んだ男である。

ゴーマニズム宣言 SPECIAL
大東亜論
最終章
朝鮮半島動乱す！
第三章
荒尾精と
日清貿易研究所

発売され、愛読者が登場人物の人気投票をやってくれた。
ゴーマニズム宣言 SPECIAL
小林よしのり
大東亜論 第二部
明治日本を作った男達
百数十人の読者が一人一票で、好きなキャラに入れてくれたんだ。
大人漫画って読んでくれてるのかどうかも分からんから、こういうことやってくれるのは、ありがたい。
その結果は、わしも予想もつかない順位になってしまった。
さあ一番人気があったのは…

横綱（第一位）奈良原 至

意外にも主人公を押さえて、奈良原が一位となった！

■どこか可愛いらしいイメージの奈良原が、遊説行脚から帰ってきた時のルックスも含めての成長に、行脚中の奈良原を想像しました。福岡を離れてからの身の処し方にも彼の美学を感じました。（のえる★さん）

■こんなハラワタが腐らない生き方を人は出来るのかと感嘆した！（みるみるさん）

大関（第二位）来島 恒喜

■命をかけての覚悟、自分がその立場だったらできたのか？サムライだったんだと思わせるかっこよさがある。その敬意を表すために、一票。（ＳＡＫＵさん）

■最期のシーンが本当に格好良かった。俺もカッコイイ最期を飾りたい。（れたれたさん）

大関（第二位）頭山 満

■「一人でいて淋しくない人間になれ」。自分が正しいと信ずることのためなら、たとえ一人きりになっても自分の信念を貫く。実行することはなかなか難しいですが、肝に銘じておきたい言葉です。（ｙａｍａさん）

■断然「頭山満」。やはり、今の日本にいてくれたらいいなと思う方です。（ひろりんさん）

関脇（第四位）岡りな

■頭山と植木の思想の違いを鮮明にしたり、自由民権の危うさを体現したり、自由民権といいつつ女性は公論の場から排除されていた明治の風潮を際立たせたりと、いくつもの役割を負わせつつそれらをまったく自然に面白く、物語に昇華していった構成は見事の一言に尽きます。（きーのさん）

小結（第五位）高場乱

■よしりん先生の描く高場乱は、先生としては性別を感じさせない西洋にかぶれない筋が通った先生という感じを受ける一方で、女性としてのしなやかさも感じます。人として女性として憧れます。（ちぇぶさん）

前頭（第六位）植木 枝盛

■一匹狼の頭山に負けず劣らず個をもち、孤高に我が道をいく感じに惹かれた。あと、民権かぞえうたを作って思想を普及させようとしたところも、上手いなあと唸りました。（平祐さん）

前頭（第七位）伴野 十蔵

■今際の際に残した言葉は今もって我々日本人全てに突き付けられていて、いかにそれに抗って行けるかは、読者に託されているのだと思います。（ＯＺＩ－ｅｌｌｉｏｔｔさん）

前頭（第八位）板垣 退助

■五箇条の御誓文の意義をあの時点で深く理解し、行動された。その影響は大きいですね。（ごっさんさん）

岡りなと伴野十蔵はわしが創作した人物だが、その創作した意図まで見ぬいてくれていて、

さて「大東亜論」も
いよいよ、
アジア主義への
行動を描いていく
ときがきた。
頭山満が「大西郷以来の逸材」
と激賞した男、
荒尾精だ。
それぱかりか頭山は、
荒尾が「西郷以上」とも取れる
言い回しまでしている。
僕は大いに荒尾に
惚れておった。
諺《ことわざ》に、五百年に一度は
天、偉人をこの世に
下すとあるが、
彼はその人では
あるまいかと信ずる
位に敬慕しておった。
頭山にそこまで言わせた
荒尾精とはいかなる人物
だったのか？
安政6年（1859）、
名古屋に尾張藩士の
長男として生まれた。
上京して商売を始めるが、
「士族の商売」で没落。
荒尾は後の栃木県知事、
菅井誠美《まさみ》の書生となり、
外国語学校に学んだ。
終夜端座して机に向かい、
眠い時は机にもたれて
仮眠するのみ、
決して布団に入らない、
猛烈な勉強ぶりだったという。

鹿児島県人の菅井のもとには
同郷の士が多く出入りし、
西郷や朝鮮問題について
激論を交わした。
荒尾はそれに
大いに影響を受け、
西郷の思想に感化され、
朝鮮からさらに
アジア大陸にまで
関心を持つようになった。
そして西南戦争による
西郷敗死の報を聞き、
荒尾は菅井に訴えた。
外国語学校で学ぶのは
自分の宿望を達成する
には回り道です。
学校をやめて
軍人となり、
練兵の術を学び、
傍ら清国の事情を
研究して、
いつの日か清国に
荒尾精は陸軍教導団
（下士官養成機関）に入り、
大阪鎮台赴任を経て
陸軍士官学校に進む。
士官学校では
二十数人の同志と
「靖献派」という
グループを作り、
文武の研鑽《けんさん》を重ねた。
彼らは百難を凌ぎ、
万苦に耐える気力を養うため、
行軍の際には各自の背嚢《はいのう》に
数個の鉛球を入れて訓練に
臨み、荒尾は、倒れそうな
生徒がいるとその背嚢や
銃剣まで持って助けたという。

在学中の明治15年（1882）、
朝鮮に「壬午軍乱」が勃発。
日本の公使館員らも
惨殺される。
その年の冬、荒尾は
24歳で士官学校を
修了、陸軍歩兵少尉に
任ぜられるが、
動乱の朝鮮・大陸の
情勢に血気がはやり、
軍を辞めて
大陸に渡ろうとする。
だが菅井に諭され
翻意した。
なお数年の
研鑽を積んでから
彼の地へ渡っても
遅くない！
寸暇を惜しんで
大陸事情を研究し、
支那語を学びながら、
任務にも誰よりも精励した。
その名声は隊内のみならず
熊本市中にまで及び、
子供たちまでが戦争ごっこで
その名を叫ぶほどだった。
俺は
西郷隆盛だ！
俺は
荒尾少尉だ
ぞ——！

当時の軍隊では、欧米事情に精通することが出世の近道となったが、荒尾は出世にも欧米にも興味がなかった。
願いはひとつ、アジアへ！
明治18年（1885）、荒尾は参謀本部支那部附に転任し、ここに集められた支那に関する資料の調査・研究に没頭。
その翌年、ついに清国の実情調査の命を受け、大陸に渡ることになった。
明治19年（1886）、外相・井上馨が建てた鹿鳴館で大舞踏会が行われていた年、
28歳の荒尾精は欧化政策に狂奔する日本を後にした。
清仏戦争によって、仏国は安南（ベトナム）の宗主権を奪った。
英国はビルマに進軍し、首府マンダレーを占領し、国王・王妃・王子までを捕虜にしてしまった。

英国・仏国ともに支那の手足のもぎ取り合戦に夢中になっている。
その一方露国も独逸も支那の生き血を吸わんと虎視眈々としている。
大陸の裾《すそ》にはもう火がついておる。
支那はこれをどう考えているのか?
支那人は将来これをどうする気なのか?
そして、友邦日本をどう観察しているのだろうか?
芯の髄から研究・調査して来なければならぬ!
支那を目覚めさせるためには、武力を以てせねばならぬ場合が起こらぬとは限らぬ。
また、各国の白人が侵入してきても、干戈《かんか》を交える舞台はこの大陸の地だ。
わが使命は、誠に重大だ!

桃の花咲く4月――
初めてこの目で見る大陸の天地！
この果てしない揚子江の流れ！
こんな平和な、こんなのどかな大陸のどこに乱れ飛ぶ風雲があるのだろう!?
どこに流れる血を吸う大地がある
それにしても、わが活動の地は広い！
いよいよこれからだ！

上海に上陸した荒尾は、真っ先に一人の男を訪ねた。
その名は岸田吟香《ぎんこう》。
幕末の文久元年（1861）、早くも上海に渡り、「ヘボン式ローマ字」で知られるアメリカ人宣教師で医師の、ジェームス・カーティス・ヘボン（ヘップバーン）の助手として和英辞典の出版に協力。
帰国後、元治元年（1864）には日本最初の新聞を発行。
横濱毎日新聞
のち、東京日日新聞（現・毎日新聞）に入社して主筆となり、人気を博す。
ヘボンに教わった目薬を製造、銀座に「楽善堂」という直販店を開業、大繁盛となる。
楽善堂の支店を上海に開店。
目薬の他に、銅版印刷による小型本の出版販売を始めたところ、これも大当たりで資産家となった。
先生には、私の使命について申し上げておきたいのですが…
いや、聞かんでもよろしい。

わしにはわかっておる。
参謀本部の陸軍中尉が現役のまま、私服でやってきたということの意味くらい。
支那のことは、一朝一夕には参らぬ。
気を長く、大きな気持ちでやり遂げるという方針でないと失敗する。
そこは、よく心得ておく方がよかろう。
はい、自分でも大陸の土になる覚悟でやって参りました。
ええ覚悟じゃ。そうでなくちゃいかん！
荒尾は商人を装い、大陸の軍事上・経済上の要衝である漢口に楽善堂の支店を開いた。
樂善堂
商品は岸田が上海から山のように送って来て、店はたちまち賑わった。
さらに荒尾は、上海や天津など各地に散在していた志士たちに手紙を送った。
「大アジア主義の実現には、諸君と共に努力する他に手はない」

二十数人の志士が続々と漢口に集結、楽善堂の二階は梁山泊となった。
集まった同志は、地方に散って実情を探査する「外員」と、その報告を整理記録する「内員」に分けられ、荒尾が総括した。
大陸に渡った、一クセも二クセもある豪傑たちを束ねられる者は、荒尾以外になかった。
誰もが荒尾の人格に魅了され、死地に飛び込むことも厭わなかった。
外員たちは支那人の行商に化け、薬品、書物などを売り歩いて旅費を稼ぎながら奥地深くまで分け入り、微に入り細を穿《うが》って調査を重ねた。

当時の支那は
一部の都市は別として
内陸部は「暗黒大陸」であり、
民衆の生活も、政治の状況も、
産業も交通も地勢も
一切が謎であった。
そんなところへ
手探り状態で
入って行くのだ。

藤島武彦は一人で書物を船に積み、奥地へと向かった。
ところがその船頭が、盗賊団とグルで、盗賊を船に招き入れ、積んでいた書物を外へ奪い去ってしまった。
もっと他に金目のものがあるだろう!
ない!
隠し立てすると命はないぞ。
その豪傑が、こんなつまらない書物などを奪ったところで何にもならんではないか。
それよりも富豪を襲って大金を巻きあげてはどうかね?
お前の顔を見ると豪傑風のところがある。

僕らのような小商人を苦しめるとは豪傑らしからぬ…
…それもそうだな。
おい、野郎ども！
その本をみんなこの小僧に返してやれ！
藤島は、新聞記者出身の志士・浦敬一と共に新疆《しんきょう》を目指した。
新疆
北京
上海
だが、途中で意見の相違が起き、ついに袂を分かち、藤島は漢口に
単身、言葉も地理も分からぬ新疆に入ろうとする浦敬一は…
この後三年間、我輩の消息がなかったら、砂漠に骨をさらしたと思ってくれ。
縁起でもないことを言うな。
いや、それだけの覚悟が必要だ。
思い出したら線香の一本も立ててくれ。
浦敬一のその後の消息は杳《よう》として知れぬままである。当時29歳。
藤島武彦はその後、日清戦争で偵察中に捕えられ、斬首される。26歳だった。

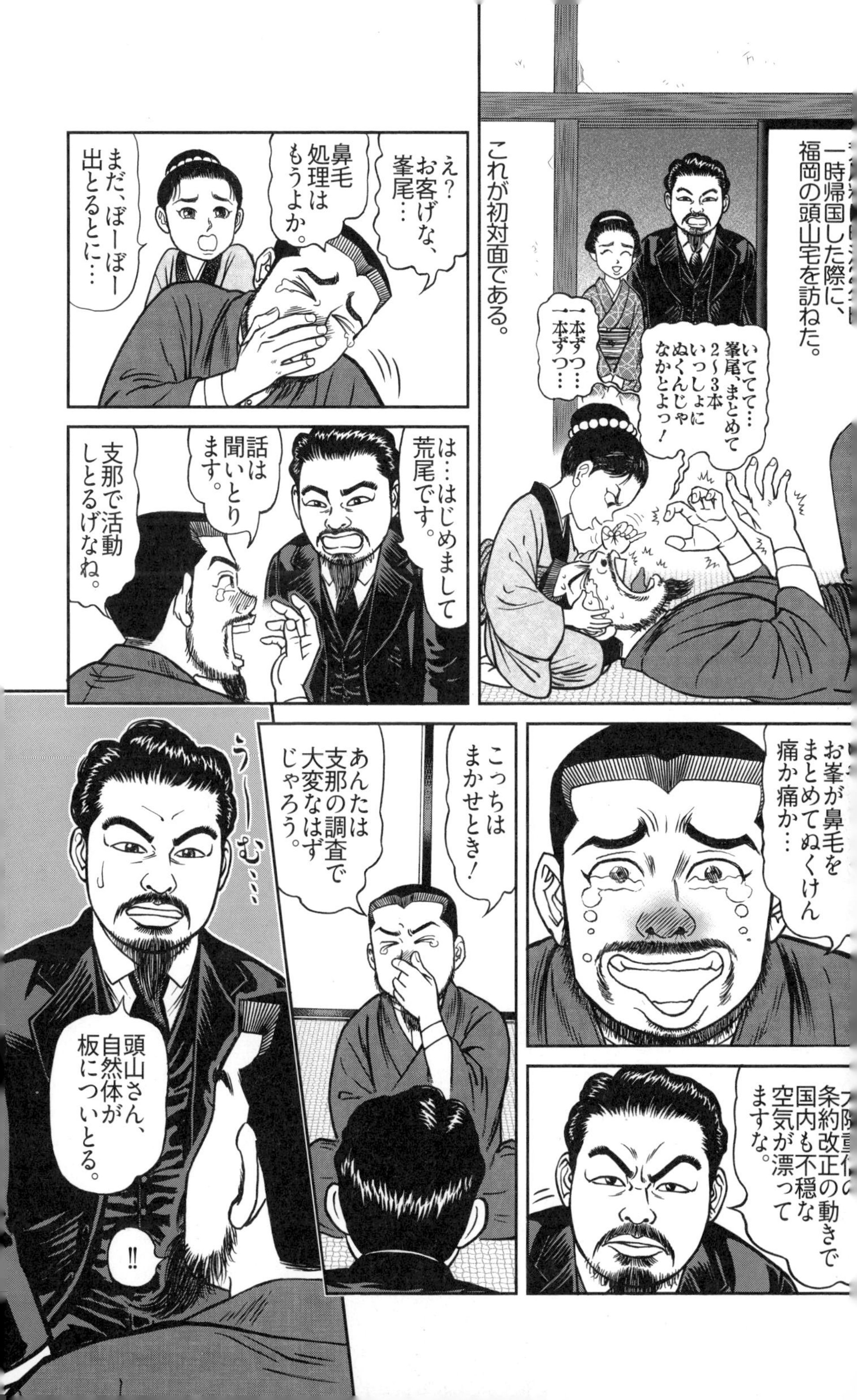
一時帰国した際に、福岡の頭山宅を訪ねた。
これが初対面である。
いてて…峯尾、まとめて2～3本いっしょにぬくんじゃなかとよっ!
一本ずつ…一本ずつ…
え?お客げな、峯尾…
鼻毛処理はもうよか。
まだ、ぼーぼー出とるとに…
は…はじめまして荒尾です。
話は聞いとります。
支那で活動しとるげなね。
お峯が鼻毛をまとめてぬくけん痛か痛か…
大隈重信の条約改正の動きで国内も不穏な空気が漂ってますな。
こっちはまかせとき!
あんたは支那の調査で大変なはずじゃろう。
うーーむ…
頭山さん、自然体が板についとる。
!!

頭山は後に、この時のことを、こう語っている。
「彼と対座談笑してみると、一見その態度の尋常人にあらざるを感知した」
「重厚の容貌と、東方問題について沈着雄弁に談じ来る有様、当代第一人と感じた」
「議論もなかなかに筋が通り、特に東洋対西洋の抱負経綸の偉大なること、当時この如き一大方策を有せるもの、独りこの人あるのみと深くその人物を信じ、心秘かに一友を得たるを喜び、再会を約して別れた」
さ！ハナ毛ぬくよ。
確かにハナ毛出とったな。
明治22年（1889）4月、再び荒尾は命を受けて帰国した。

荒尾に○○力が合わさって集めた情報をもとに「復命書」を作成し、参謀本部に提出。
清朝の内部は腐敗しきっており、利権と土地を求める欧州に抗する能力がないとして、日本は早急に対策を立てねばならないと主張した。
荒尾は、日本が支那を西洋に対抗できる国にすべく改造しなければならないと考え、そのための人材を育成するため、上海に「日清貿易研究所」を設立する構想を立てた。
この案を政府に諮り賛同を得た荒尾は、全国を遊説してこの事業への理解と協力を訴え、研究所生徒を募った。
荒尾の遊説は行く先々で大歓迎を受けた。
行く鹿の群れを4人の猟師が追っています。
ロシア、フランス、イギリスの3人は四方八方から追いまくり…
ドイツという猟師は逆に鹿にえさを与えなでさすり、あるいは垣を設け、あるいは溝を掘り、3人の猟師を防ぐ手段を授けていますが、これは鹿のためにしているのではなく、その鹿の群れをひとりで丸どりにせんと考えているのです。

この先、鹿は果たして4人の猟師の手に落ちるか、またはその鹿が奮起して猟師にかみつくかの二つに一つでありましょう。これに関しては、政治上なり、通商上なり、最も注意すべき時であります。
生徒は集まったが、その資金作りは難航を極めた。
当初、政府は北海道の山林を払い下げの名目で荒尾に下付しようとしたが、規則上、不正に当たるとして実現しなかった。
代わりに陸奥宗光・農商務大臣が、陸海軍にある未登録の古い武器を売り払って資金に充てようと申し出、
荒尾は盟友の軍人・
ううむ
軍人が生命としている武器を売り払って、学校の資金にするちゅうのは、変な気がする。
貴公も知っているとおり、いま日本は武器が少ない。
一旦緩急あれば、場合によっては古い武器であったとしても、粗末にはでけん訳じゃ。
我々の事業も国益を増すことには違いないが、国の武器まで売って、その金を使おうちゅうのは、我々軍人としてむずがゆく思うな。
貴公どう思う？
それもそうじゃな。
な…なるほど。むずがゆいか。
じゃろうな。

貴公
そうであったら、農商務大臣の厚意は厚意としておいて、この場合遠慮しておこう。
でないと我輩の軍人精神が許さん。
荒尾は頭山に相談した。
…というわけで、三千円がなければのっぴきならぬ事態となるのですが…
くそまじめなやつだな〜〜〜。
さすが荒尾精だ。
ふ〜〜〜む…。
筋道を通し過ぎとる。
草刈り場にせぬよう支那を助ける。
その人材育成が「日清貿易研究所」であり、政府の賛同も得ている。
その生徒も集まったのなら陸奥宗光に従ってカネを集めたってよかろうに…
古い武器を売ることすら軍人の筋道として許されんのか。
難儀なやっちゃな〜〜〜〜っ…
わしのところには時々カネが入るが、あればすぐなくなる。
今はどうにもならん。
あなたのやり方では、私の方がお世話をせねばならぬと思っていたのに、
私の方がお世話をお願いするとは、どういうことなのでしょう?

うむ、あんたは恵比須のような顔はしているが貧乏恵比須だ。
貧乏恵比須はひどいですね。
今に真恵比須になります。
まあ、心あたりを当たってみよう。
数日後——
金のあてができたぞ!
鳥尾小弥太が井上馨から三千円借りられると言っておる!
……
どうした?
はぁぁぁぁあぁ?
カネさえできれば、井上だろうと乞食だろうといいではないかっ!
せっかくのご尽力だが、井上のカネならば断じて借用いたさぬ。
東洋を西洋に売るがごときの男のカネを、この事業に使うわけにはいかぬ。

んんんんん…
それならわしが井上から借りて、
わしから君に貸すことにしたらどうだ？
いや、すでに井上のカネと知った以上は借りるに忍びぬ。
失礼する。
す…す…す……
筋道を通しすぎとる。
すじみちを
とおしすぎとる～～～～っ

百五十人の生徒が出発を待っている。
しかしカネはできない。
荒尾はついに進退窮《きわ》まった。
資金ができないからといって、このまま計画を捨て、大勢の学生を解散してしまったら、自分が天下に信を失うばかりではない。
どんなに世の中が迷惑するかしれない。
それを思えば、おめおめと生きていられるものか…
南無阿弥陀仏…

何事!?
釜がひとりでに唸り出すとは…
でもないのに、鳴り出した音を荒尾は超常現象のようなものとして受け取ったらしい。
俺はいま、死ぬ時ではないっ!!
一層、人が変わったように、東奔西走した。
その心が天に通じたのか、それまでの難航が嘘のように話が進み、政府からの補助金が出ることになった。
そして明治23年9月2日、荒尾は職員生徒合わせて200人近くの大勢を引き連れて日本を出発した。

こうして上海に設立された「日清貿易研究所」で、荒尾精は根津一とともに、相変わらずの資金難と戦いながら、アジアに雄飛する人材を育成するために尽力するのだった。
さて、荒尾が上海に発った年の春、頭山は花魁・苅藻と戯れるばかりだったが…
頭山満――っ！
あんたがいないと日本は元気が出らんのじゃ――っ！
荒尾に一喝されて、久しぶりに頭山は濱の家を出て、大阪に向かう。
佐々友房や中江兆民が集うらしいからちょっと顔を

ゴーマニズム宣言
SPECIAL
大東亜論
最終章
朝鮮半島
動乱す!
第四章
中江兆民と帝国憲法

珍しく濱の家を出た
頭山満は、大阪にいた。
この年7月に迫った
第一回衆議院選挙に向け、
佐々友房らが開いた会合に
出向いたのだが…
善之模範
みんな盛んに議論しとる…
ふぁ…

幻冬舎より『新・堕落論』が発売された。日本の堕落の根本原因を、天皇制からイノベーションから道徳観まで、すべて描き出した。この根本原因を修正すれば、日本は浮上する。

佐々、これは何の会合じゃ？
き…聞いてなかったのか、君は？
ま、いいか…
あっ…頭山くん
惚れて〜〜〜え♪
通えば〜〜〜ああ♪
千里〜〜〜もお♪
一里〜〜〜〜♪
逢えずに〜〜〜い♪
帰れ〜〜〜ばああ♪
また千里〜〜〜〜い♪
ぼんそわ〜〜〜る！(こんばんは)
どこのどいつの都々逸《どどいつ》かと思ったら、
頭山満、酒も飲まずに都々逸とは珍しい男じゃ。
ぼ…ぼんそわ？

中江兆民か。相変わらずのんべえだな。
こまんたれぶー
おならぶー
ふまんたれぶー
キュポンッ
こまんたれぶーってフランス語で「ごきげんいかが」なんじゃが、わしにはふまんたれぶーと聞こえるんじゃ。
ふまんたれぶーの方が良かごたる。
わははは…ふまんたれぶーの方が良かか？
世の中ふまんたれぶーなことばっかりじゃけん。
じゃのーう。ふまんたれぶーー！
ふまんたれぶーーっ！
有名な中江兆民は明治20年（1887）12月、保安条例で東京からの退去を命じられ、大阪で「東雲《しののめ》新聞」の主筆に迎えられた。退去処分は憲法発布の恩赦で解除されたが、まだ大阪を活動拠点にしていた。
東雲新聞
奇行で知られる兆民は服装には特に無頓着で、単物《ひとえもの》の着流しに兵児帯《へこおび》姿でどこにでも出かけた。大阪では深紅のトルコ帽に「東雲新聞」と染め抜いた印半纏《しるしばんてん》が外出着だった。
頭山さん、正直な者は仕事ができぬし、
仕事のできる者は悪いことをする。
うむ、悩ましいのう。

どうにかして、正直で仕事のできる者を養い、これをあなたの周囲に配して、
その偉大な潜勢力で、一つ天下を監督してもらわねばならぬな。
いや、買いかぶりじゃろう。
それにしても、来島君はもったいないことをした。
来島恒喜は一時期、
多くの生徒を見てきたが、あれほどの劣等生は見たことがない！
そして、あれほどの正直者も！
わははは…
そげん劣等生やったね？
なあ頭山さん、かかあと正直者が一番恐ろしいよ。
いつも本気だからなあ。
正直者は自分をごまかさんからふまんたれぶーになるとじゃろう。
なるほどそのとーりじゃ。
兆民の論説は大阪で大人気だったが、給料は東京の半分程度で、家族の他に住み込みの書生を4人も抱え、常に貧乏暮らしだった。
そしてこの時の書生の一人が、後に社会主義者となり「大逆事件」で処刑された幸徳秋水だった。

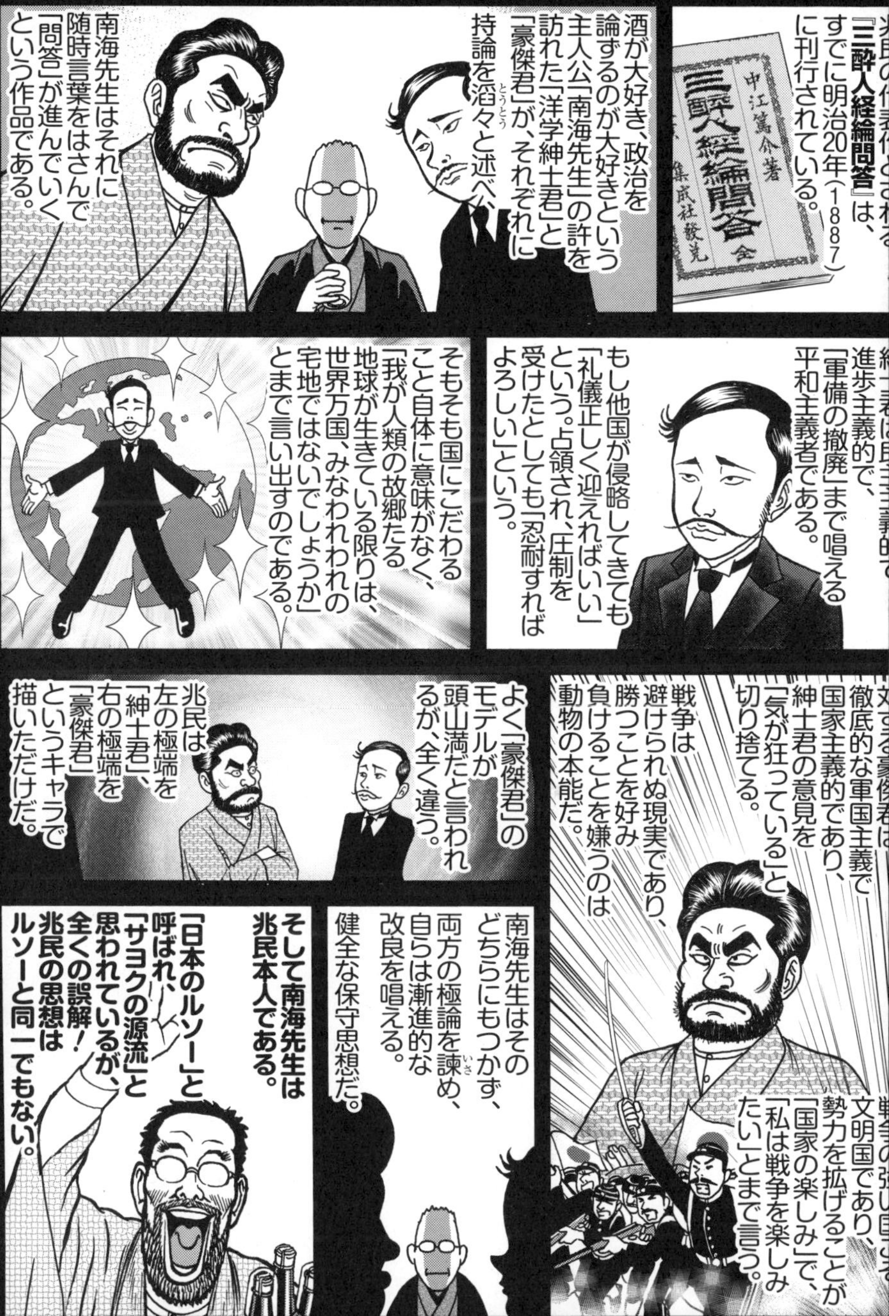
兆民の代表作とされる
『三酔人経綸問答』は、すでに明治20年（1887）に刊行されている。
中江篤介著
三醉人經綸問答
全
集成社發兌
酒が大好き、政治を論ずるのが大好きという主人公「南海先生」の許を訪れた「洋学紳士君」と「豪傑君」が、それぞれに持論を滔々《とうとう》と述べ、
南海先生はそれに随時言葉をはさんで「問答」が進んでいくという作品である。
紳士君は民主主義的で、進歩主義的で、「軍備の撤廃」まで唱える平和主義者である。
もし他国が侵略してきても「礼儀正しく迎えればいい」という。占領され、圧制を受けたとしても「忍耐すればよろしい」という。
そもそも国にこだわること自体に意味がなく、「我が人類の故郷たる地球が生きている限りは、世界万国、みなわれわれの宅地ではないでしょうか」とまで言い出すのである。
対する豪傑君は徹底的な軍国主義で国家主義的であり、紳士君の意見を「気が狂っている」と切り捨てる。
戦争は避けられぬ現実であり、勝つことを好み負けることを嫌うのは動物の本能だ。
戦争の強い国こそ文明国であり、勢力を拡げることが「国家の楽しみ」で、「私は戦争を楽しみたい」とまで言う。
よく「豪傑君」のモデルが頭山満だと言われるが、全く違う。
兆民は左の極端を「紳士君」、右の極端を「豪傑君」というキャラで描いただけだ。
南海先生はそのどちらにもつかず、両方の極論を諫《いさ》め、自らは漸進的な改良を唱える。健全な保守思想だ。
そして南海先生は兆民本人である。
「日本のルソー」と呼ばれ、「サヨクの源流」と思われているが、全くの誤解！兆民の思想はルソーと同一でもない。

『新・堕落論』は奴隷のルサンチマンを克服する覚悟があるかを突きつける。本物の愛国者なら自分の内にある奴隷のルサンチマンに気づかねばならない。

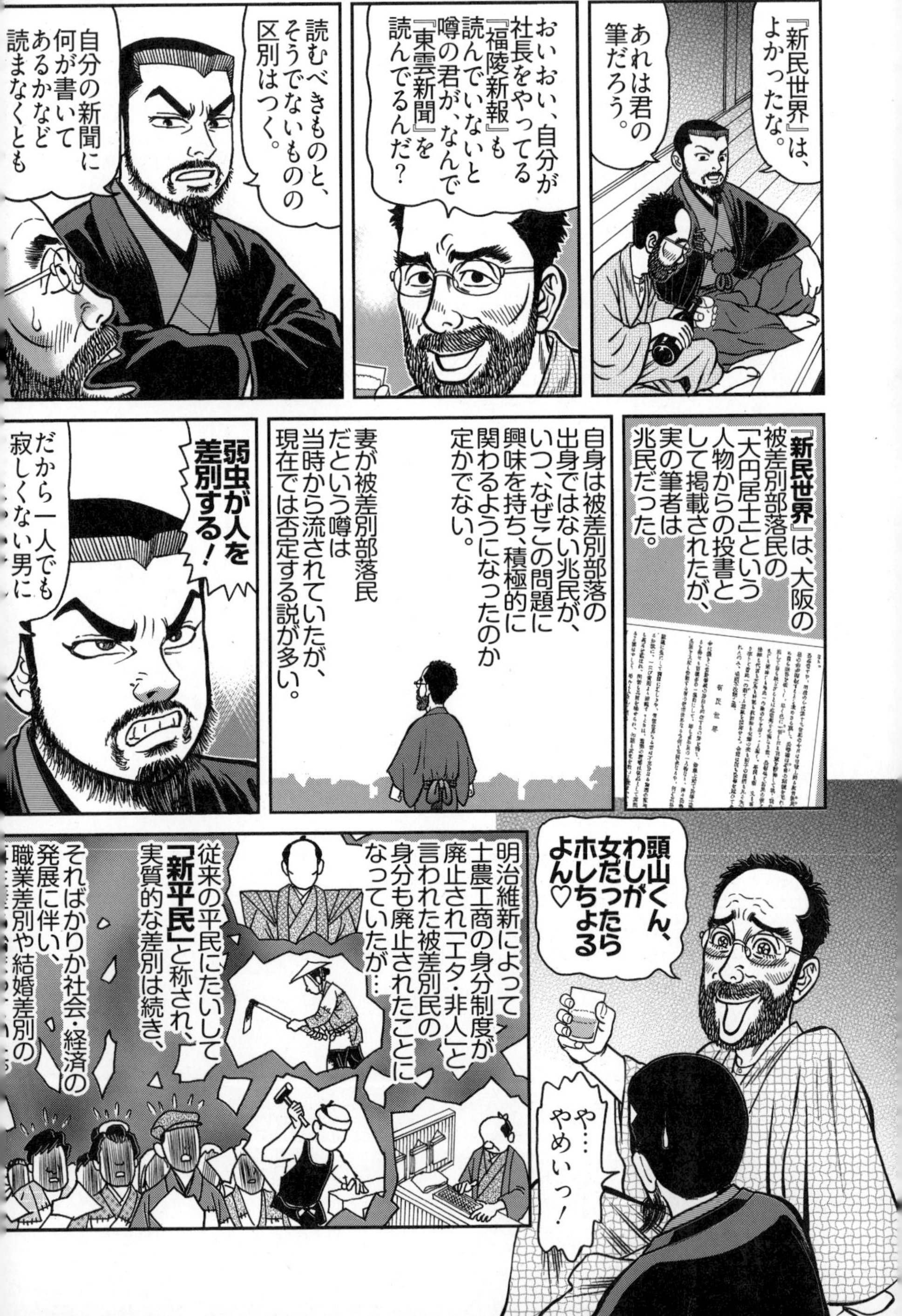

『新民世界』は、よかったな。
あれは君の筆だろう。
おいおい、自分が社長をやってる『福陵新報』も読んでいないと噂の君が、なんで『東雲新聞』を読んでるんだ？
読むべきものと、そうでないものの区別はつく。
自分の新聞に何が書いてあるかなど読まなくとも
『新民世界』は、大阪の被差別部落民の「大円居士」という人物からの投書として掲載されたが、実の筆者は兆民だった。
自身は被差別部落の出身ではない兆民が、いつ、なぜこの問題に興味を持ち、積極的に関わるようになったのか定かでない。
妻が被差別部落民だという噂は当時から流されていたが、現在では否定する説が多い。
弱虫が人を差別する！
だから一人でも寂しくない男に
頭山くん、わしが女だったらホレちょるよん♡
や…やめいっ！
明治維新によって士農工商の身分制度が廃止され「エタ・非人」と言われた被差別民の身分も廃止されたことになっていたが…
従来の平民にたいして「新平民」と称され、実質的な差別は続き、
そればかりか社会・経済の発展に伴い、職業差別や結婚差別の

『新・堕落論』は、よしりん先生が太宰治・坂口安吾・夏目漱石からオルテガ・シュンペーター・ニーチェなど、様々な名著を通して日本の堕落の正体を読み解いた稀有の書です!
この本を読まないことこそが堕落! 高貴な人間になるか? 奴隷になるか!?

そんな中で掲載された『新民世界』は、痛烈なる新聞批判だった。
新聞は「平民主義」を掲げて藩閥政府ら貴族階級を攻撃しているが、それは平等な社会を目指しているのではなく、自分が貴族階級に這い上がりたいからではないのか。
そもそも「平民」とは「貴族」に対する言葉であり、「平民」という言葉を使うこと自体が、階級の存在を認めていることの表れである。
そうでないならなぜ平民の平の字を捨て、我々と共に「新民」と称しないのか。
我々新民の世界は全く自然で自由な平等な人間社会である。
それに対してあなた方、平民の世界は、貴族に対する世界であり、そこには貴族に拘泥し、新民を差別する意識が存在する。
自分はあなた方が実にかわいそうでならない。
被差別部落民の筆という形を借りた強烈な自己批判だった。
日本は一君万民の国じゃ。
天皇陛下の下に全ての民は平等!
貴族などいらぬ。
植木枝盛の『廃娼論』は読んだかな?
ああ、長らく会ってないが、
あの女好きの植木がなあ。
植木枝盛は30歳頃から婦人問題に強い関心を持ち、『廃娼論』で公娼制の完全廃止を訴えた。
植木はさらに『東洋之婦女』を著し、男尊女卑の風習は人間社会において最も天理にもとり、人倫の道に反するものだと激しく非難し、男女同権の社会を実現する必要を説いた。

完全描き下ろしの『新・堕落論』！軽快に読ませつつも、いつの間にか自身の内面へと深く分け入って思考させる、濃密な一冊になっています。太宰治・坂口安吾・夏目漱石などの古典文学からハリウッド映画までも題材にして、「人間の実存」を考えさせる本なんて他にはないでしょう！感性を鈍らせたくない方は必読ですよー！

女性を家庭に閉じ込めて男性に従属させ、社会的政治的にも女性を男性より劣位に置くことは明治政府の方針であり、
植木の男女同権論はひとつの反政府運動でもあった。
わしは疑問じゃ。娼婦も一つの職業じゃろう。
頭山さん、我々は植木くんに会ったら叱られるぜよ。
わしの芸者買いは、誠の道を行っておる。
誠の道か。
大体わしは無精者で何をするにも嫌になるが、この芸者買いばかりは誠心誠意からやる気になる。
飽きもせんからこれがわしの誠の道だろうと心得てやっておる！
わははははは
同感！同感！
実はわしは、近頃の植木君に疑念を持っておる。
ほう
憲法発布の時、遠回しにしか不満を表明せず、ともかく立憲国になったのだから、
これを「最大記念日」として祝おうなどと言うとは！
ふうむ…
帝国憲法は、その内容が発布の当日まで国民に全く知らされてなかった。
中江にしてみれば、帝国憲法は国民による議論を一切経ていない「押しつけ憲法」だった

ポカQです。社長から「『堕落論』の宣伝をせよ」と仰せつかりました。私が『欄外』を読むよう
熱心な人は、きっともう買っているのでは？」と返答いたしますと、「何故そう呑気なのだ、うっか
した人も居るかも知れぬ、宣伝にやりすぎは無い、この堕落者!!」との御言葉をいただきまし
うっかりしたみなさん、一家に一冊「堕落論」!! お友達にもオススメしてくださいね♪

「自由党」再興の時のこともある。
兆民は第一回衆議院選挙に向け、政府の弾圧によって消滅状態にあった自由民権運動各派を再集結させる「大同団結運動」にも深く関わった。
ところが首領に担いだ後藤象二郎が、無節操にも藩閥政府の勧誘を受けてあっさり入閣してしまったために運動は迷走、分裂してしまう。
私は、謹んで諸君に別れを告ぐるに至ったのである！
大井憲太郎らと組み「自由党」の再興を図った。
関東の旧自由党員はこれを支持したが…
板垣退助や植木枝盛ら土佐派は別組織を作ることを提案し、
兆民は板垣・植木らと袂を分かった。
恩賜の民権とは？
中江兆民は『三酔人経綸問答』で民権には「回復の民権」と「恩賜の民権」の二種類あると言う。
民衆が下から回復する民権と、権力が上から恵み与えられる民権だ。
上から与えられる「恩賜の民権」を否定はしないが、民衆の自由や権利の分量が、民衆の知的水準に見合っているかが問題なのだ。
恩は今でも忘れないし、植木君の悪口も言いたくはないのだが…
植木ともあろう者がなあ…
ともかくこれでは「恩賜《おんし》の民権」も夢まぼろしのごとくだ。
だが兆民にとって帝国憲法は、「回復の民権」に進化できるレベルではなく、「恩賜の民権」ですら、夢まぼろしのごとくだと嘆いているのである。

わしは第一回帝国議会では「憲法点閲《てんえつ》」、すなわち憲法を一条ずつ国会で審議・点検すべきだと考えた。
そこで再興した自由党の党議第一に「国会に於て上請して憲法を点閲する事」とした。
ところがこれが「集会条例」で警視庁に許可されず、党大会で審議することを禁じられてしまった。
くっそ〜〜っ!
ふまんたれ
政府め、自分達に都合よく作った憲法に、指一本、触れさせせまいというつもりだな。
我々は憲法において何を与えられたか?
議会はどのような権能があるか?
内閣は議会に対して何の責任もないではないか。
上院(貴族院)は下院(衆議院)と同一の権能を持っているではないか!
内閣は政党以外に超然としている
条約の締結は議会の関与するところではないではないか!
宣戦講和は人民の関与するところではないではないか!
予算審議権は上院に半分を奪われているではないか!
このようではわが議会は民権伸張の機関たる役割をはたすことができないし、将来、政府の奴隷になってしまうだけだ!
内閣の爪牙《そうが》となって人民を圧迫するだけだ!
腐敗堕落してしまうだけだ!
頭山さん、国会がまずやらねばならぬことは、憲法の改正じゃ!

立憲的改憲案について
わしは「自衛隊明記」の安倍加憲には反対である。
集団的自衛権の行使を認めておいて、自衛隊を現状のまま固定してしまったら、アメリカの属国化を深めるばかりである。
「戦後レジームからの脱却」を目指すには、「個別的自衛権」を拡充し、自主防衛を目ざさねばならない。
自分の国は自分で守る！それがわしの考えだ。
「立憲的改憲案」を支持し、「ゴー宣道場」に毎月、憲法学者をゲストで呼び、国民運動にするつもりだ。
我々は憲法に「自衛権」を書き込んで、これを統制する条文も入れる。
「交戦権」は一部解除する。
侵略された時は戦わざるを得ないじゃないか。
「主権」なき国家のままでは、沖縄での米軍のトラブルに対処できない。
北方領土でも、北朝鮮の危機でも、日本が独自の外交をできない。
ドスッ
アメリカの許可なしには日本政府は何もできない。
現在の憲法を一字一句変えないと言う教条的な「護憲派」は、結局「主権」の回復を願ってはないのだから安倍政権と性根は同じ。
護憲
アメリカから自立したくないのだ！米国依存である。
権力を縛る！これが「立憲主義」だ。
我々は政府に憲法を守らせるために、「憲法裁判所」を作る。
最高裁は「事後」にしか裁けないが、法案が合憲か否か「事前」に裁くのが「憲法裁判所」なのだ。
安倍加憲で米国の属国化を深め、「戦後レジーム」に埋没してしまうのか？
「立憲的改憲」で自主独立の道に進むのか？
さあ、どちらを選ぶんだ!?

あ——いたいた！
こんなところに！
頭山君、困るな勝手にぬけ出しちゃ。
い…いてもわしには格別、意見もない…
とにかく衆議一決じゃ。
頭山君、来る衆議院選挙に福岡２区から出馬してくれ！
ぞぞ〜〜っ
な…何を言うのだ？
わしは代議士なぞ絶対ならんぞ！
選挙資金その他は全て我々が工面する！
君は何の心配もいらんから出馬さえ

フッ
ブッ
ブッ
冗談じゃないい！わしはそんなものにはならん！
うわ〜〜〜っ じんましんが出とるっ！
やめろ！もう言うな〜〜〜〜っ！
拒否反応がすごすぎる〜〜〜〜〜〜〜っ！
…というわけで逃げ帰ってきた。
苅藻《かるも》〜〜〜〜っ
大変でしたなあ〜〜〜〜。
わしに政治の道など無理だ。
わしにはこっちの誠の道がある〜〜〜う。

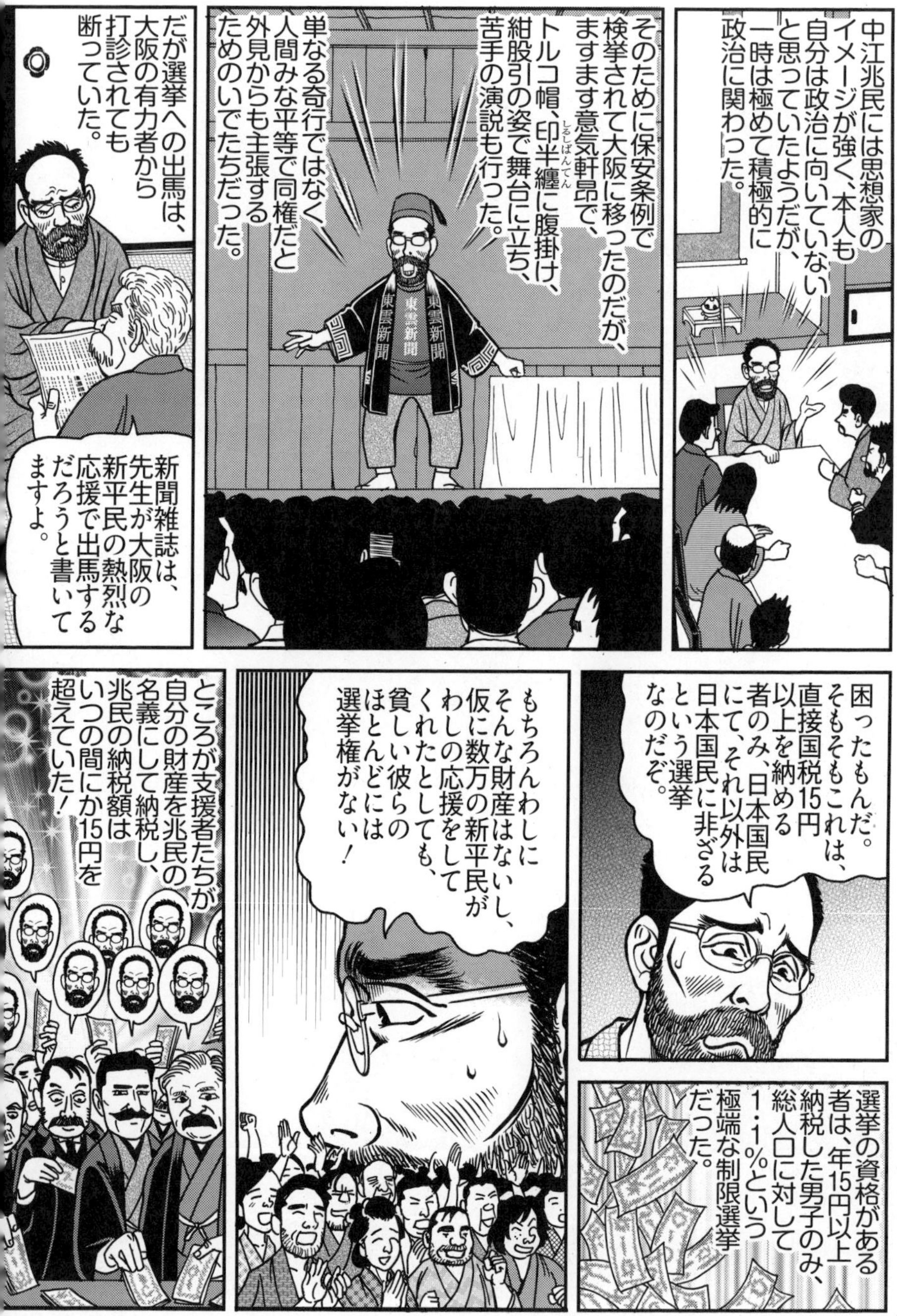
中江兆民には思想家のイメージが強く、本人も自分は政治に向いていないと思っていたようだが、一時は極めて積極的に政治に関わった。
そのために保安条例で検挙されて大阪に移ったのだが、ますます意気軒昂で、トルコ帽、印半纏《しるしばんてん》に腹掛け、紺股引の姿で舞台に立ち、苦手の演説も行った。
東雲新聞
東雲新聞
東雲新聞
単なる奇行ではなく人間みな平等で同権だと外見からも主張するためのいでたちだった。
だが選挙への出馬は、大阪の有力者から打診されても断っていた。
新聞雑誌は、先生が大阪の新平民の熱烈な応援で出馬するだろうと書いてますよ。
困ったもんだ。そもそもこれは、直接国税15円以上を納める者のみ、日本国民にて、それ以外は日本国民に非ざるという選挙なのだぞ。
選挙の資格がある者は、年15円以上納税した男子のみ、総人口に対して1.1%という極端な制限選挙だった。
もちろんわしにそんな財産はないし、仮に数万の新平民がわしの応援をしてくれたとしても、貧しい彼らのほとんどには選挙権がない！
ところが支援者たちが自分の財産を兆民の名義にして納税し、兆民の納税額はいつの間にか15円を超えていた！

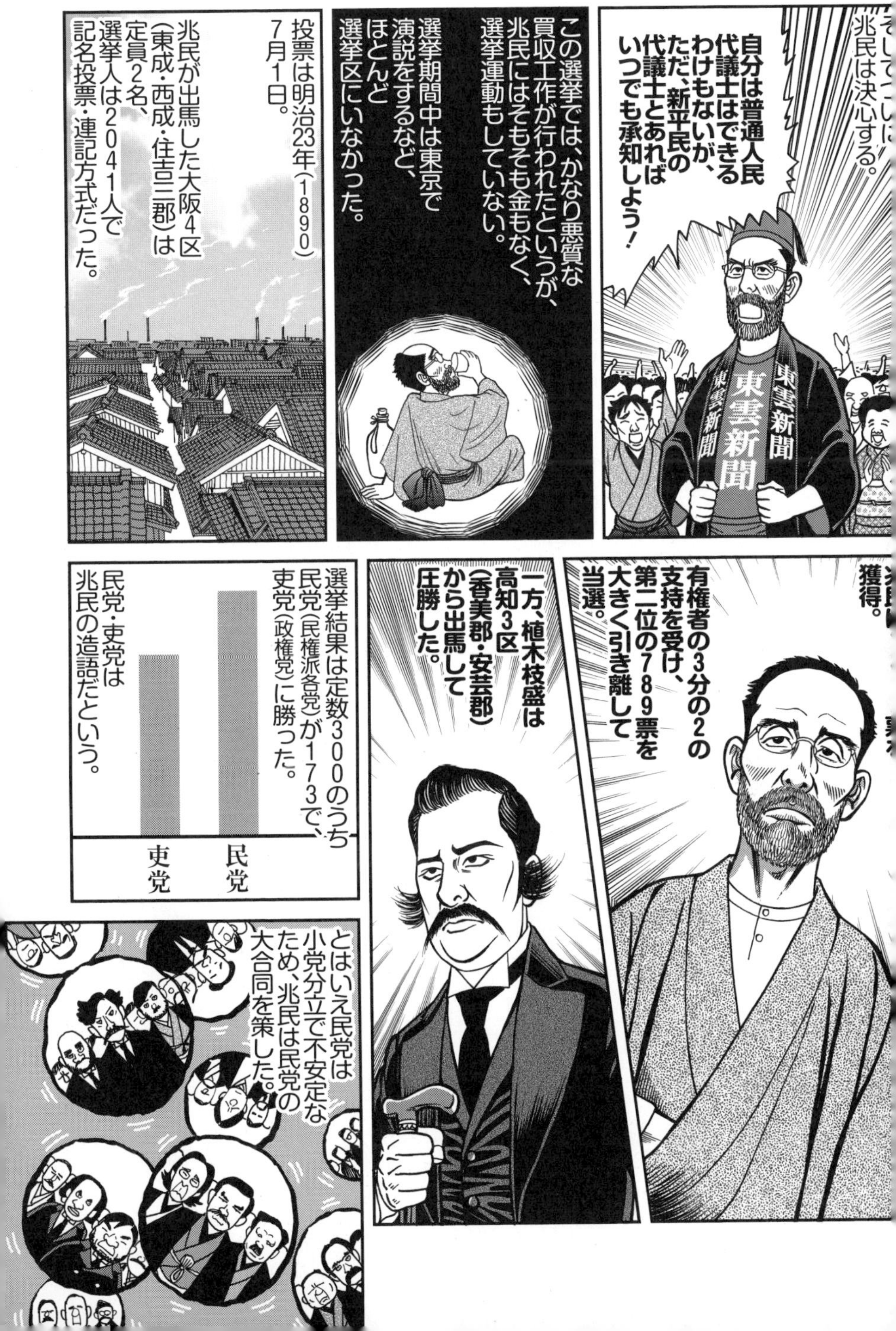
そしてついに兆民は決心する。
自分は普通人民代議士はできるわけもないが、ただ、新平民の代議士とあればいつでも承知しよう!
東雲新聞
東雲新聞
東雲新聞
この選挙では、かなり悪質な買収工作が行われたというが、兆民にはそもそも金もなく、選挙運動もしていない。
選挙期間中は東京で演説をするなど、ほとんど選挙区にいなかった。
投票は明治23年(1890)7月1日。
兆民が出馬した大阪4区(東成・西成・住吉三郡)は定員2名、選挙人は2041人で記名投票・連記方式だった。
獲得。
有権者の3分の2の支持を受け、第二位の789票を大きく引き離して当選。
一方、植木枝盛は高知3区(香美郡・安芸郡)から出馬して圧勝した。
選挙結果は定数300のうち民党(民権派各党)が173で、吏党(政権党)に勝った。
民党
吏党
民党・吏党は兆民の造語だという。
とはいえ民党は小党分立で不安定なため、兆民は民党の大合同を策した。

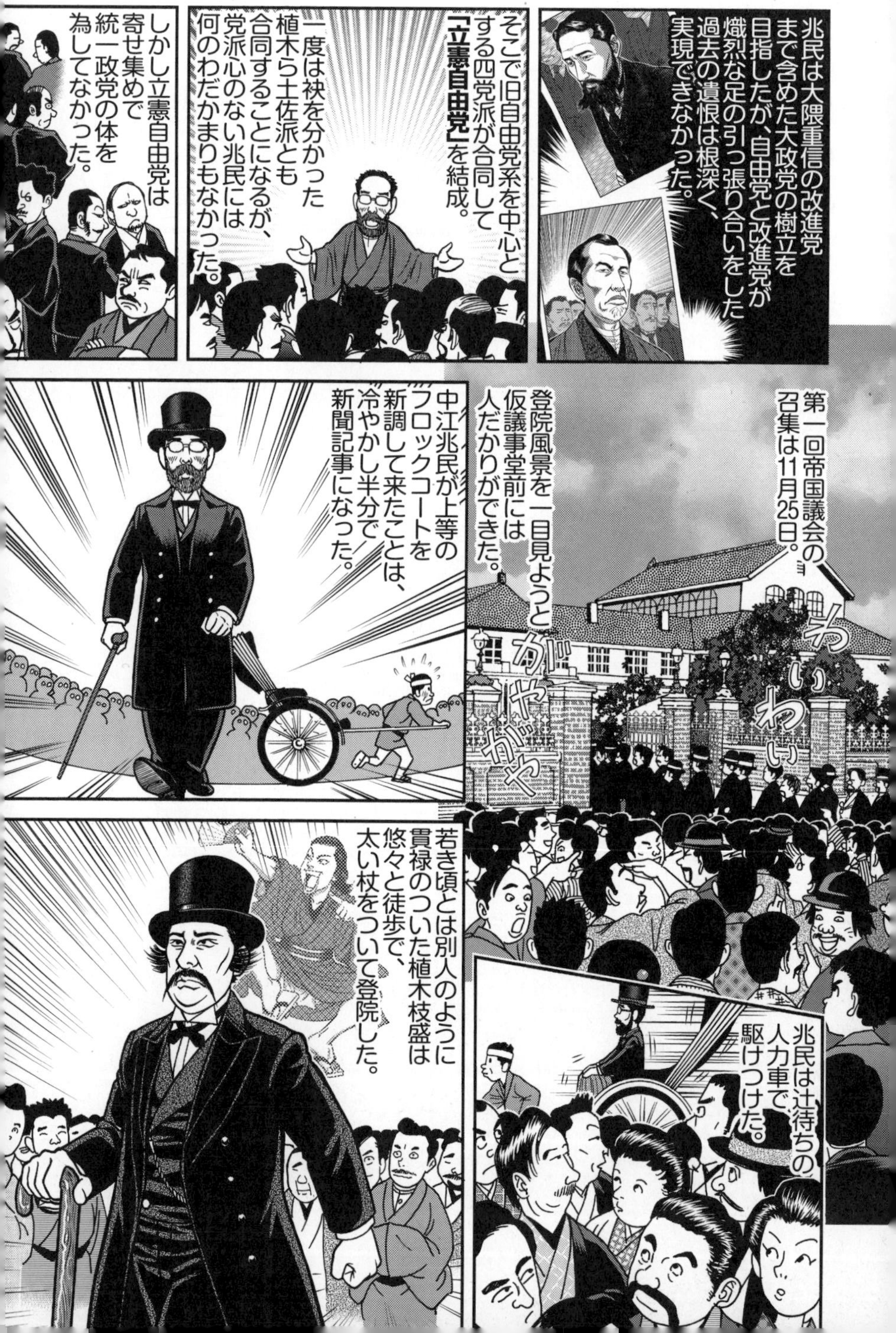

兆民は大隈重信の改進党まで含めた大政党の樹立を目指したが、自由党と改進党が熾烈な足の引っ張り合いをした過去の遺恨は根深く、実現できなかった。
そこで旧自由党系を中心とする四党派が合同して「立憲自由党」を結成。
一度は袂を分かった植木ら土佐派とも合同することになるが、党派心のない兆民には何のわだかまりもなかった。
しかし立憲自由党は寄せ集めで統一政党の体を為してなかった。
第一回帝国議会の召集は11月25日。
登院風景を一目見ようと仮議事堂前には人だかりができた。
わいわい
がやがや
中江兆民が上等のフロックコートを新調して来たことは、冷やかし半分で新聞記事になった。
兆民は辻待ちの人力車で駆けつけた。
若き頃とは別人のように貫禄のついた植木枝盛は悠々と徒歩で、太い杖をついて登院した。

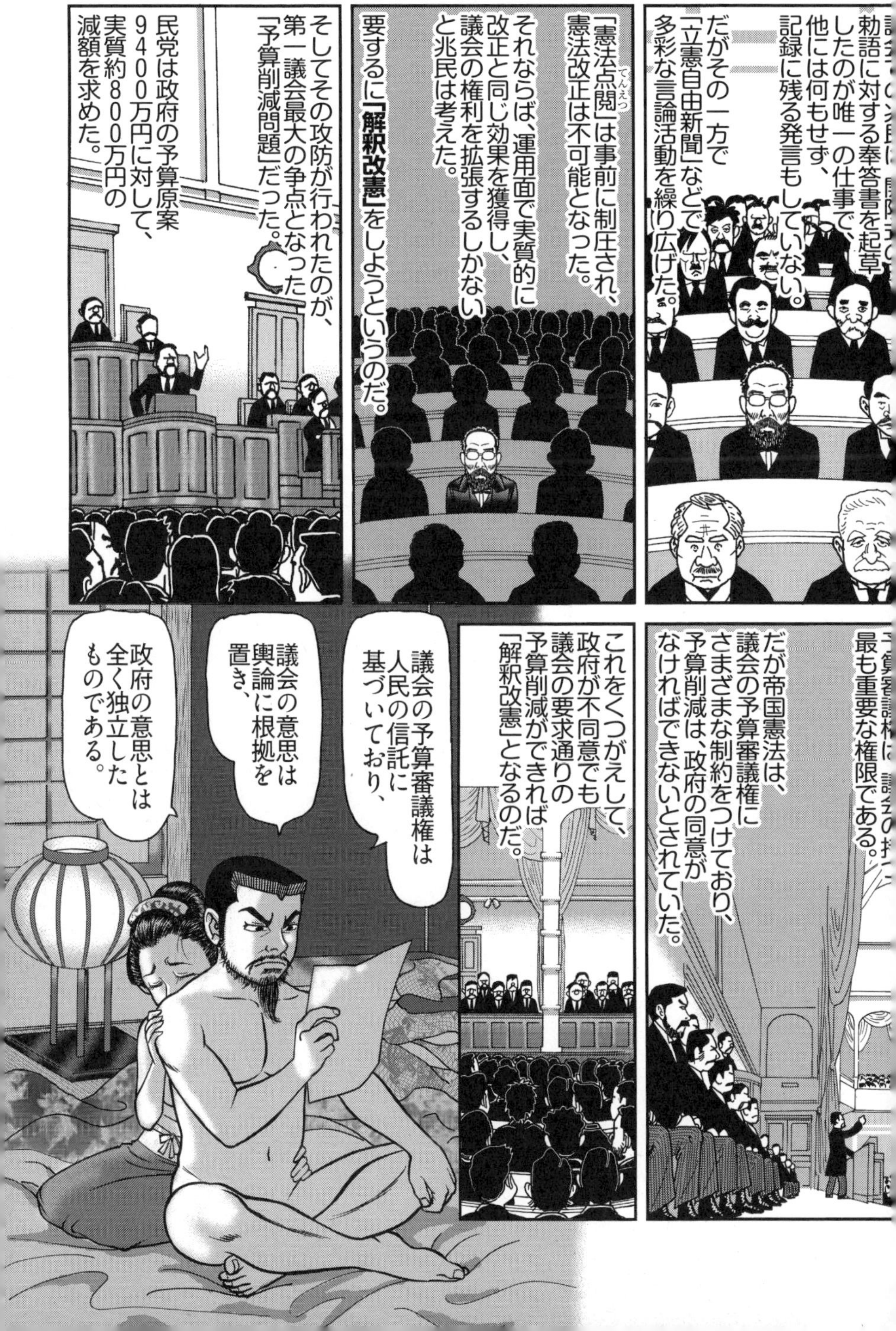
勅語に対する奉答書を起草したのが唯一の仕事で、他には何もせず、記録に残る発言もしていない。
だがその一方で「立憲自由新聞」などで多彩な言論活動を繰り広げた。
「憲法点閲《てんえつ》」は事前に制圧され、憲法改正は不可能となった。
それならば、運用面で実質的に改正と同じ効果を獲得し、議会の権利を拡張するしかないと兆民は考えた。
要するに「解釈改憲」をしようというのだ。
そしてその攻防が行われたのが、第一議会最大の争点となった「予算削減問題」だった。
民党は政府の予算原案9400万円に対して、実質約800万円の減額を求めた。
最も重要な権限である。
だが帝国憲法は、議会の予算審議権にさまざまな制約をつけており、予算削減は、政府の同意がなければできないとされていた。
これをくつがえして、政府が不同意でも議会の要求通りの予算削減ができれば「解釈改憲」となるのだ。
議会の予算審議権は人民の信託に基づいており、
議会の意思は輿論に根拠を置き、
政府の意思とは全く独立したものである。

従ってもし当局者の予告にしたがって予算が定められては、議会はついに有名無実に墜つる…か。
中江、正念場だな。
民党も一枚岩ではなく、「解釈改憲」まで持ち込もうとする「硬派」と、予算削減さえできれば妥協していいとする「軟派」に
年が明け、明治24年（1891）1月には、立憲自由党の会議に壮士が乱入。
植木が頭部を負傷し、一時議会を欠席した。
仕込み杖を持った壮士が横行して議員に圧力をかけ、
政府は議会の解散をちらつかせて脅し、
さらに多額の賄賂が

兆民は、政府の圧力を排し
議会の予算審議権を
獲得するには、議会内の
民党多数と議会外の
人民世論との連帯が
絶対条件と見ており、
人民の世論で国会を
包囲せよと訴えた。
これに対して政府は
立憲自由新聞を
15日間の発行停止として
兆民の口を封じ、
保安条例を執行して
兆民の仲間
8人に東京退去を命じ、
首都と地方の連絡を
切断して、
議会内の連帯を防いだ。
その間に議会では
吏党(政権党)議員が、
衆議院の議決確定前に
政府の同意を求める
緊急動議を提出した。
憲法の規定通り
議会よりも政府を
優先させるもので、
同趣旨の動議は
すでに2回提出され、
いずれも否決されて
いた。
今回も否決は目に
見えており、
兆民はこんな動議を
いくら出しても
「大風のなかの放屁」
のようなもので
「いささかの臭気も
感じない」と
一蹴していた。
ビョオオオ
プー

ところが、この動議が可決されてしまった！
立憲自由党の土佐派議員20数名が寝返り、賛成票を投じたからである。
世にいう「土佐派の裏切り」である。
そしてあろうことか、その裏切り議員の一人が植木枝盛だった！
土佐派の領袖・林有造はかねてから政府と通じ、妥協策を探っていた。
そして、弁は立つが人望がなく、党内に一派を率いる力を持たない植木は
その後の植木枝盛は明らかに精彩を欠き、1年後、胃病により35歳で急死する。
植木枝盛君之墓
植木の死には当時から毒殺説がささやかれたが、自由民権運動全盛期ならいざ知らず、この頃の植木が、暗殺されるほどの危険人物だっただろうか？
政府は議会の提出した大幅減額に不同意を通告し、650万円の減額で衆議院と妥協。
こうして「解釈改憲」も潰《つい》え中江兆民の数年来の努力は、

『新・堕落論』(幻冬舎)に、真正面から向かい合わなければ、日本は浮上しない。

『無血虫の陳列場』と題する短い論説を書いた。
その全文を分かりやすく現代語に直す。
衆議院は腰を抜かして、尻餅をついてしまった。総理大臣の演説に震えおののき、解散の風評に畏怖し、二度までも否決した、つまり幽霊ともいうべき動議を、大多数で可決してしまった。衆議院の予算決議案においては、予め政府の同意を求めて、つまり政府の同意を請い求めて、その鼻息をうかがって、その後に唯々諾々《いいだくだく》とそのご意向を聴くこととなった。一期の議会において、同じことを三度までも議決して、そうして竜頭蛇尾の文章を書き、前後矛盾の論理を述べ、天下後世の信用を失うこととなってしまった。国会は、自らの意思を持たない「無血虫」の陳列場……やれやれ。
むごい人を罵っていう言葉。
憤懣やるかたない兆民の思いがほとばしる文章である。
兆民は衆議院議員を辞職した。
辞職届に記した理由は「アルコール中毒病を発して、歩行が困難になったため」という人を食ったものだった。
明治24年(1891)1月23日、福岡で頭山の長男・立助《りゅうすけ》が誕生した。
頭山と峯尾夫人の間には五男五女が生まれた。
頭山は口には出さぬがなかなかの子煩悩だったという。
ただ、時々子供の名前を忘れて「オイオイ」などと呼ぶこともあったそうな…とも伝えられている。
え〜っと、お…
オイオイ!

なぜ日本人の「活力」が低下したままなのか？なぜ日本人は真の憲法改正ができないのか？
知りたきゃ『新・堕落論』を読むしかない。

しかし東京での頭山は、相変わらず烏森の「濱の家」に居続け、以前にも増して豪遊をしていた。
時には「濱の家」の一室に飽きて、北の廓の引手茶屋「桐半」から苅藻の許へと出かけたが、深くもならず、素気なくもせずの朝帰り。
チュン
チュン
苅藻の思いは募るばかりである。
苅藻は居ても立ってもいられず、飛び立つ思いで「濱の家」を訪ねてくる。
女将のお濱は苅藻を不びんに思い、身銭を切っては一夜、二夜と引き留めたが、苅藻は廓へ帰れば頭山のことが忘れられず、ふらふら病いのありさま。
蕾桜《つぼみざくら》は誰ゆれ割《さ》いた
夢の十八 現《うつつ》の二十
嬉し恥ずかし紅《べに》かねつけて
眉毛剃《そ》ったも今朝のこと…
うぅ
うぅ
うぅ

3月1日、『よしりん辻説法』(光文社)が発売された。全ページ2色カラー、袋とじはフルカラー1000円!すごく安い。わしの作品で全ページ色付きは初めてだ。

病の床に就いた。
それを聞いた頭山は、何も言わず、証文を巻くだけの札束を届けた。
「証文を巻く」とは借金を棒引きにするということだ。
「客振りの名人」として名高かった刈藻の姿は品川楼から消え、その後の消息は誰にもわからない。
ただ在りし日の恋物語の噂話だけが残った…
言論活動を続けたが、東京では次第に孤立するようになっていた。
そんな時、北海道小樽に創刊された「北門新報」の主筆に迎えたいという依頼が来た。
もうわしは窮屈な内地には窒息しそうじゃ。
自然豊かな北海道で汚れた心身を洗い流してくるわ。
その年じゃ冬の寒さがこたえないか？

『よしりん辻説法』は、笑いながら社会現象を斬る漫画だ。『新・堕落論』とは手法が真逆だが、この2冊は教養が付くだろう。

年寄り扱いするな！
45歳はまだまだ働き盛りじゃ。
北海道の開発は現地の実態に即して、日本全体のためにせねばならぬ。
政府の無定見を北海道から
結局は「政府のための憲法」が確定してしまったが…
ポーーッ
わしらの自由民権運動とは何だったのか？
この国の民は自由民権などこの先も永遠に望まぬ！
お上による秩序だけを望むのだ！

ゴーマニズム宣言
SPECIAL
大東亜論
最終章
朝鮮半島
動乱す！
第五章
奇行の2人、その意味

知られた。
何しろ、
その死の際には
『中江兆民奇行談』という
本まで出版されたほどだ。
ただしこれは興味本位の
誹謗・スキャンダル本で、
明らかな作り話も
多数入っている。
中江兆民奇行談

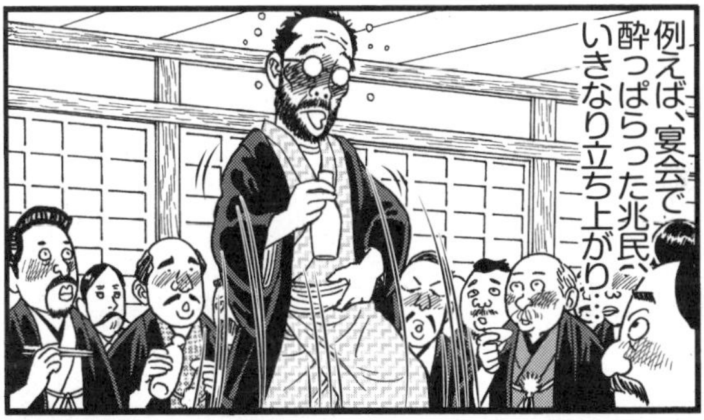

例えば、宴会で
酔っぱらった兆民が
いきなり立ち上がり

自分の陰嚢《いんのう》を
盃のように広げ
酒を注ぎ、
芸者に飲ませた。

先生、ご返杯しますわ。
これが熱々の燗酒《かんざけ》で…
とくとくとく
あちちちち〜〜〜〜っ
熱い〜〜〜っ！
ゆるせ！ゆるせ〜〜〜っ！
わはははは
こんな話まで伝えられるほど、兆民は稀代のトリック・スターとして人々の好奇の目を集めていたわけだ。
中江兆民は官費で2年に及ぶフランス留学をしながら、帰国後はほんのわずかな期間しか官職についていない。
帰国翌年には東京外国語学校の校長に任命されるが、教育の基本方針を巡って文部当局と衝突し、わずか3か月で辞任。
辞表

「週刊SPA!」で『ゴーマニズム宣言』を復活させ、毎週連載を始めた。64歳で毎週連載なんてもう無理
思っていたが、10年は続けられそうだ。

主張したが、当局が実利を目的としたこと、さらに学校が外国人教師の意見に左右されることに憤激したのだ。
今の教育は人文学部をなくしてしまえという方針のようだが、実利偏重・人間性軽視という教育の堕落は、明治初期からあったようだ。
それから間もなく、まだ本名の「篤介」を名乗っていた兆民の許に元老院（国会開設前の立法機関）から、書記官に任じるので辞令を取りに来いという書面が届いた。
元老院
普通の服装をしていたが、この時に限って最も汚い衣服で出かけた。
ぼんぼんぼんぼんじゅ〜〜る。
こまんたれぶ〜〜〜〜〜〜。
ふまんたれぶ〜〜〜〜〜〜。
おまんこしたれぶ〜〜〜〜。
元老院
おいっおまえ！何用あって来た？
元老院
呼ばれて来たんじゃよ。

？
こういう者が辞令を取りに来たから、
渡せと書記官長に伝えてくれ。
中江篤介
書記官長室
あんな汚いのを元老院が雇うのか？
もし俺の下に配属されたらこき使ってやる。
何等の属官あたりに任用されたんだろうな？
こっそり見ちまおうぜ。
辞令
中江篤介
権少書記官ヲ命ス
元老院
ごっ…権少書記官!?
そんなお偉方なのか？

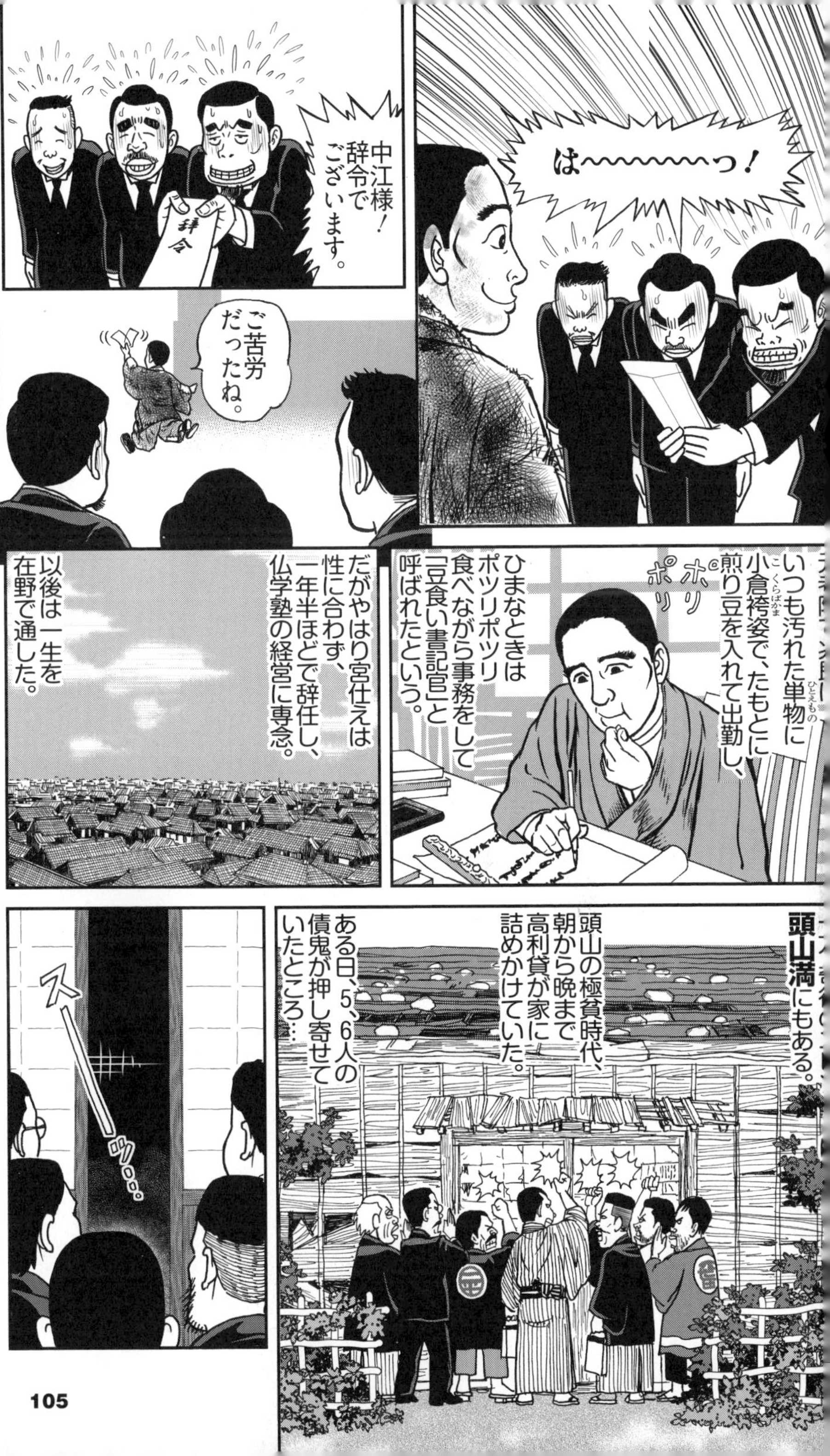
は〜〜〜〜〜〜〜っ！
中江様！辞令でございます。
ご苦労だったね。
いつも汚れた単物《ひとえもの》に小倉袴《こくらばかま》姿で、たもとに煎り豆を入れて出勤し、
ポリ ポリ
ひまなときはポツリポツリ食べながら事務をして「豆食い書記官」と呼ばれたという。
だがやはり宮仕えは性に合わず、一年半ほどで辞任し、仏学塾の経営に専念。
以後は一生を在野で通した。
頭山満にもある。
頭山の極貧時代、朝から晩まで高利貸が家に詰めかけていた。
ある日、5、6人の債鬼が押し寄せていたところ…
スーッ。。。

わしは
この通り…
いま
何もない！

おまえたちは貸した金を棄てたらすむだろうが、
こっちはそうはいかん！
おまえたちが金を返してもらいたいと思う気持ちよりも、
こっちが返そうと思う気持ちの方が、はるかに強いのだぞ!!
返した〜〜〜い！
はは〜〜〜っ
いえ、もうご都合の時でよろしゅうございます。
ピュー――ッ

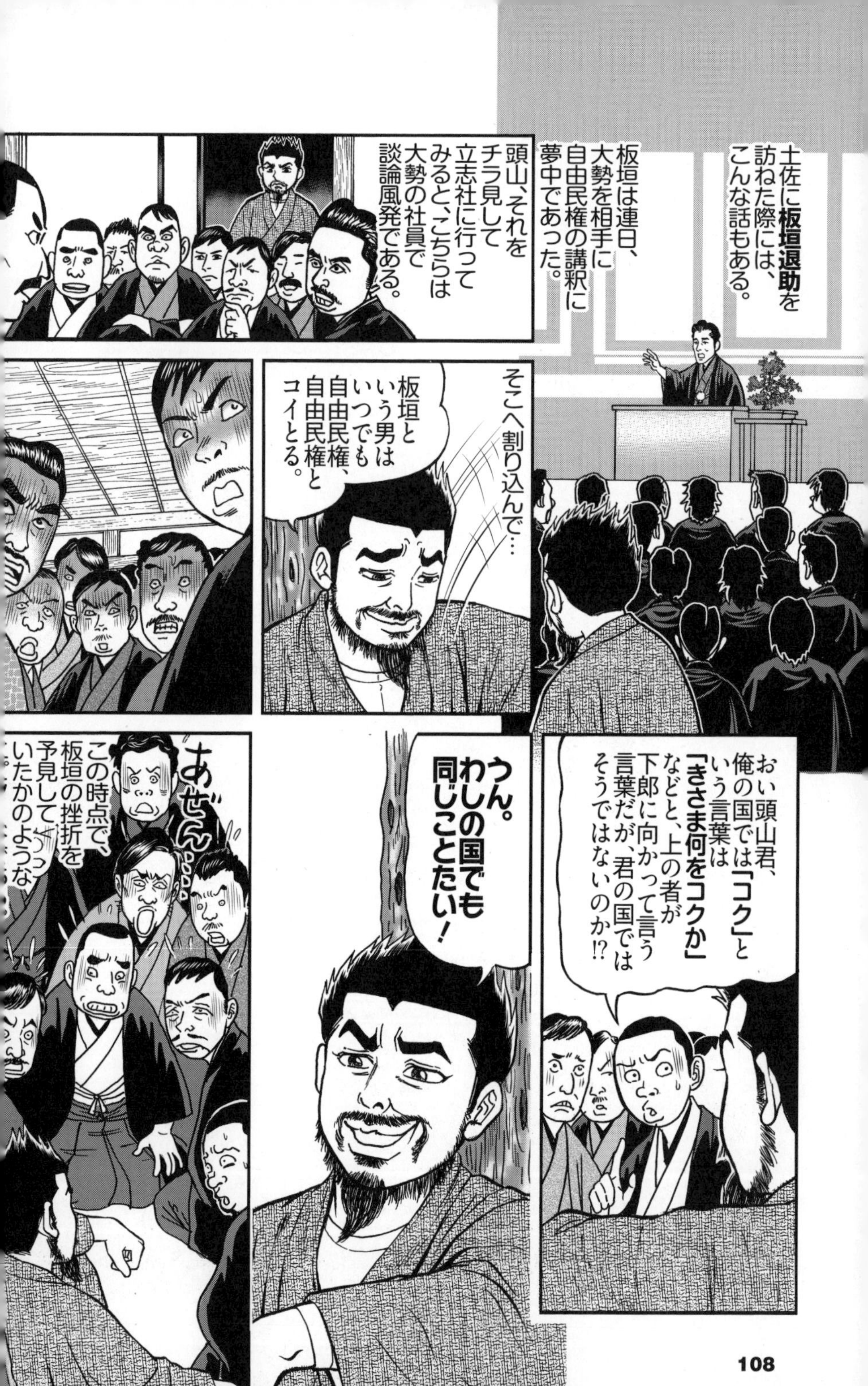
土佐に板垣退助を訪ねた際には、こんな話もある。
板垣は連日、大勢を相手に自由民権の講釈に夢中であった。
頭山、それをチラ見して立志社に行ってみると、こちらは大勢の社員で談論風発である。
そこへ割り込んで…
板垣という男はいつでも自由民権、自由民権とコイとる。
おい頭山君、俺の国では「コク」という言葉は「きさま何をコクか」などと、上の者が下郎に向かって言う言葉だが、君の国ではそうではないのか!?
うん。わしの国でも同じことたい!
あぜん
うっ
この時点で、板垣の挫折を予見していたかのような

権威主義や
形式主義におもねる
ようなことは決して
なかった。
それがいわゆる
「奇行」に表れていた
のではないだろうか？
長男で作家の
夢野久作は、こんな話を
紹介している。
頭山と進藤喜平太が、
何かの用を頼むべく
大阪市長を訪ねた
時のこと…
市長は尊大ぶって
なかなか現れず、
二人は官舎の応接室で
延々待たされた。
おそい
な〜〜〜。
えらぶって
わざと
待たせとる。
腹にサナダ虫を
湧かせて下剤を
飲んでいたが…
セメン圓
もぞ
もぞ
きたらしく…
むずむず

「小説幻冬」で『おぼっちゃまくん』を復活させ、毎月連載を開始した。64歳になってギャグ漫画を描くなんて不可能だと思っていたが、昔より笑える傑作を描けるようになっていて驚いた。

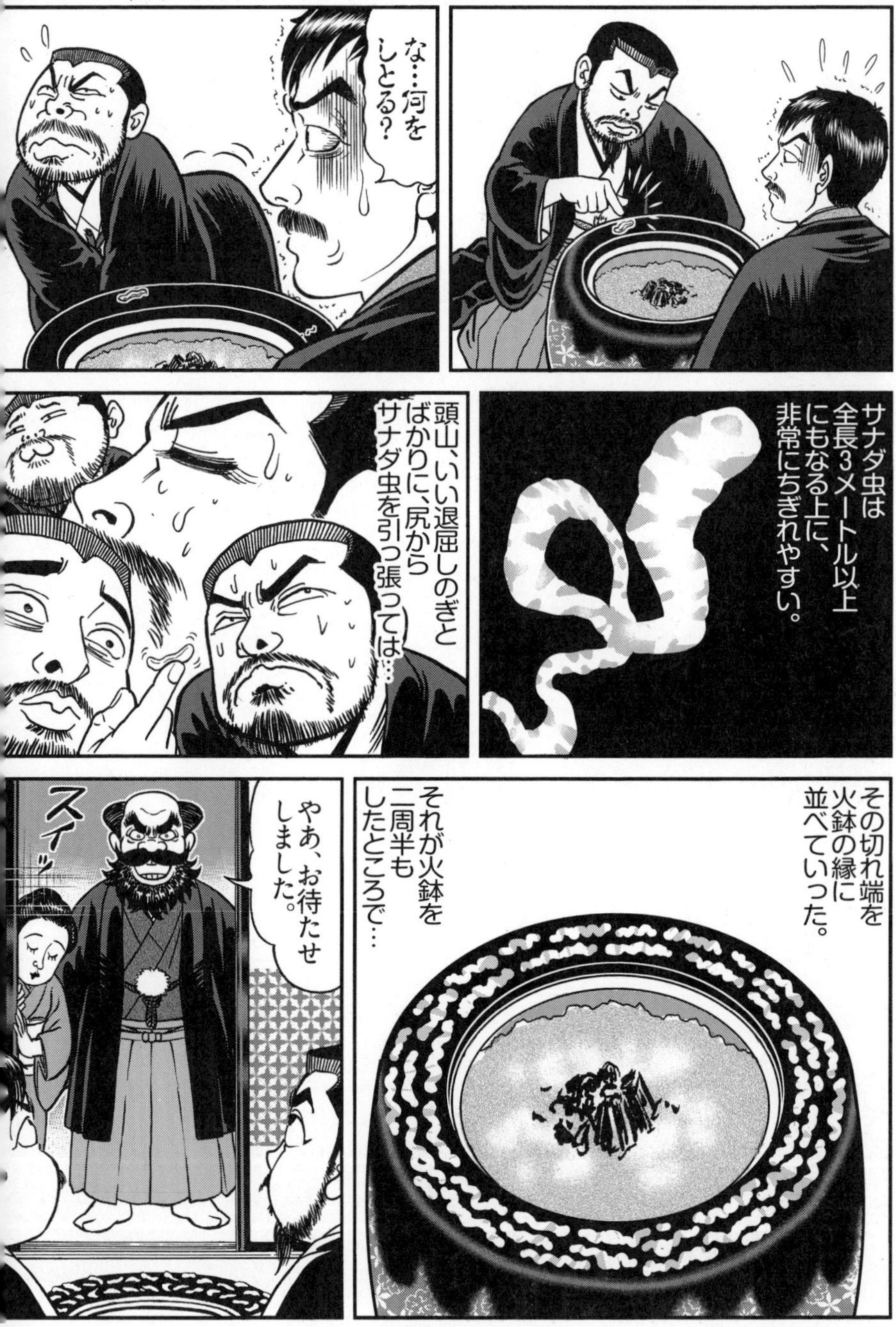

な…何をしとる？
サナダ虫は全長3メートル以上にもなる上に、非常にちぎれやすい。
頭山、いい退屈しのぎとばかりに、尻からサナダ虫を引っ張っては…
その切れ端を火鉢の縁に並べていった。
それが火鉢を二周半もしたところで…
スイッ
やあ、お待たせしました。

頭山さんと進藤さんでしたかな？
ズンドンドン
それでご用件は？
ズドン！
ん？
なんだ？
くんくん…
く…くさいっ
おいおい、この火鉢の縁のこ…これは何だ？？
？

それはわしの尻から出たサナダ虫をば並べたとたい！
うわあっ!!
サナダッ
うわあああ〜
オタ〜

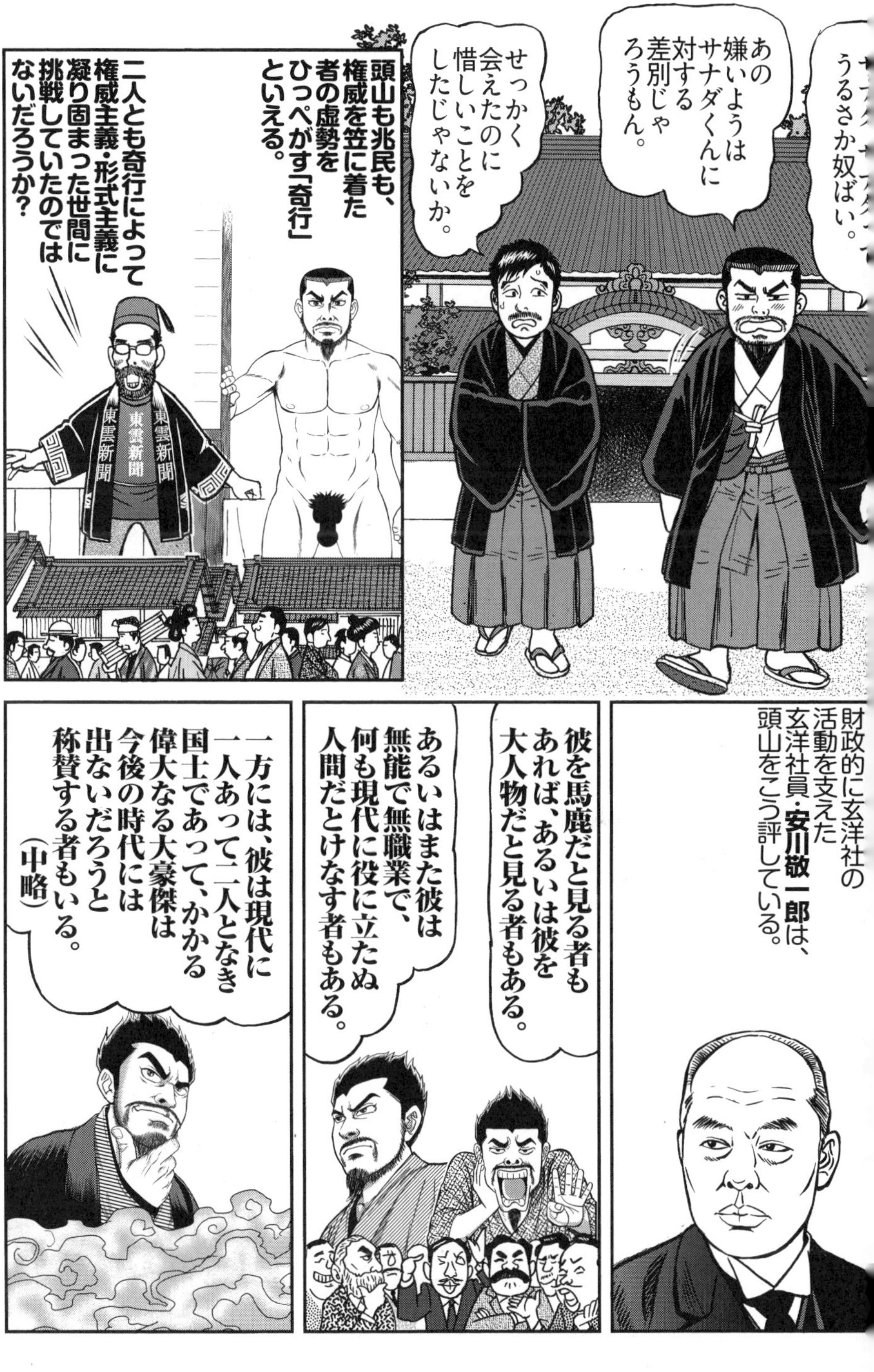

うるさか奴ばい。
あの嫌いようはサナダくんに対する差別じゃろうもん。
せっかく会えたのに惜しいことをしたじゃないか。
頭山も兆民も、権威を笠に着た者の虚勢をひっぺがす「奇行」といえる。
二人とも奇行によって権威主義・形式主義に凝り固まった世間に挑戦していたのではないだろうか？
東雲新聞
東雲新聞
東雲新聞
財政的に玄洋社の活動を支えた玄洋社員・安川敬一郎は、頭山をこう評している。
彼を馬鹿だと見る者もあれば、あるいは彼を大人物だと見る者もある。
あるいはまた彼は無能で無職業で、何も現代に役に立たぬ人間だとけなす者もある。
一方には、彼は現代に一人あって二人となき国士であって、かかる偉大なる大豪傑は今後の時代には出ないだろうと称賛する者もいる。（中略）

写真誌の「FLASH」で、月一で『よしりん辻説法』を連載している。単行本も出ているので、読んでくれ。
自分を茶化しながら森羅万象を斬っているので、楽しい作品だぞ。

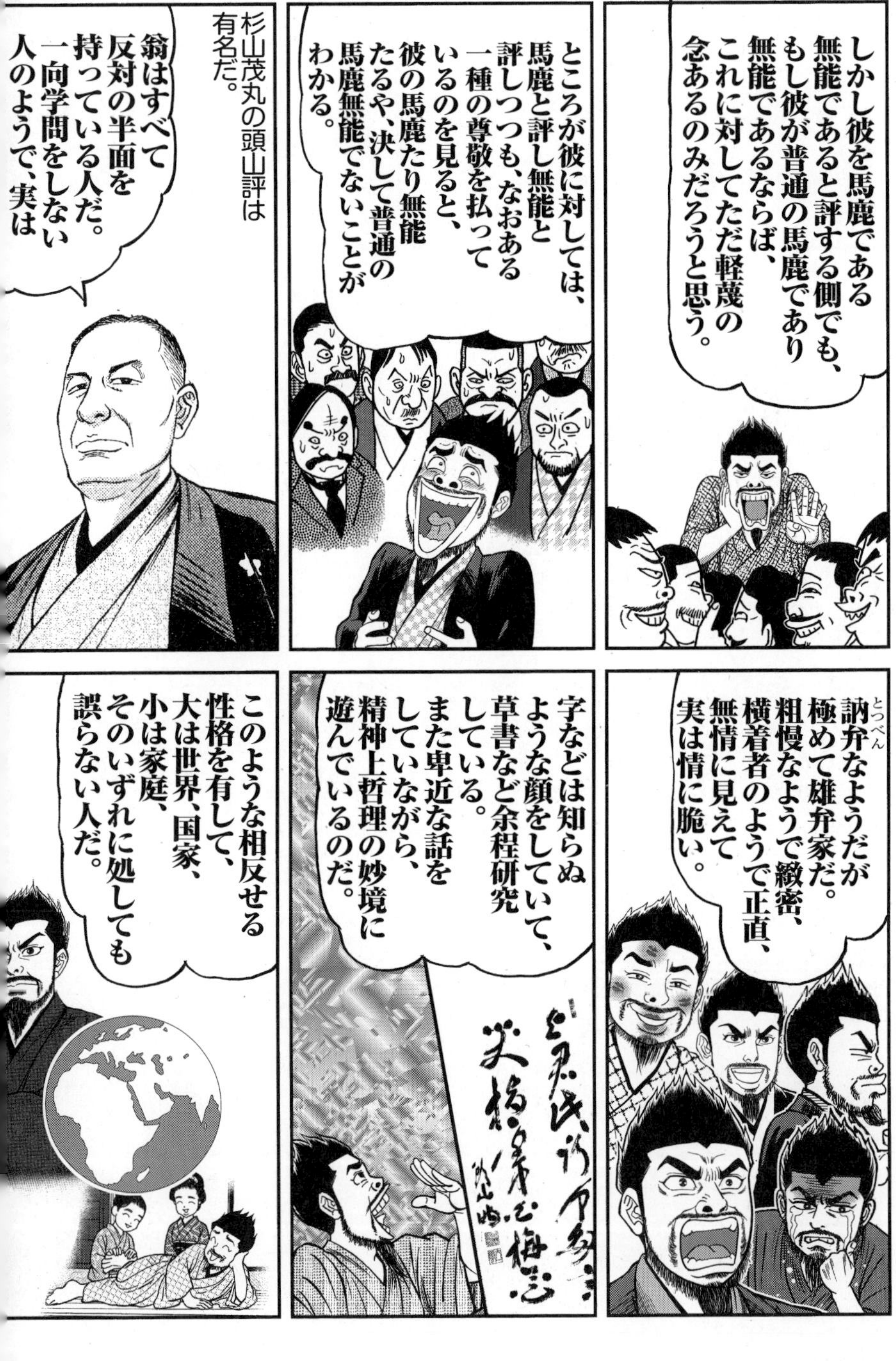
しかし彼を馬鹿である
無能であると評する側でも、
もし彼が普通の馬鹿であり
無能であるならば、
これに対してただ軽蔑の
念あるのみだろうと思う。
ところが彼に対しては、馬鹿と評し無能と評しつつも、なおある一種の尊敬を払っているのを見ると、彼の馬鹿たり無能たるや、決して普通の馬鹿無能でないことがわかる。
杉山茂丸の頭山評は有名だ。
翁はすべて反対の半面を持っている人だ。一向学問をしない人のようで、実は
訥弁《とつべん》なようだが極めて雄弁家だ。粗慢なようで緻密、横着者のようで正直、無情に見えて実は情に脆い。
字などは知らぬような顔をしていて、草書など余程研究している。また卑近な話をしていながら、精神上哲理の妙境に遊んでいるのだ。
このような相反せる性格を有して、大は世界、国家、小は家庭、そのいずれに処しても誤らない人だ。

『大東亜論』は一番絵に時間がかかる作品だ。フェミニズム隆盛の世の中で、男の中の男を描く試みは珍しいだろう。

実はものすごい教養の持ち主だった。
兆民はもちろんフランス語に堪能で、ルソーをはじめ西洋思想に通じていたが、それと同時に、漢学の素養も当時では群を抜く水準に達していた。
頭山満も、20代で高場乱の代講ができるほど漢学を修めていた。
また、晩年の頭山が木炭の品質・等級や産地などを言い当てるのを見て驚いた人がいたという。
ウバメガシ
キシユウ
キッ
キッ
奨励された時、頭山がヤギの品種的特徴や乳質について、専門的知識を語るのを聞いて不思議に思った人もいたという。
頭山らは西南戦争が終わって出獄した後、「開墾社」を設立してヤギの飼養、ヤギの販売や松炭の製造販売を試みたことがある。
いずれも実現には至らなかったが、頭山はそのために専門知識を身に付け、晩年まで忘れなかったのだ。
なお、実際に玄洋社の財政を支えたのは石炭だが、頭山は石炭の鑑定に関しては完全に専門家だったという。

兆民も、頭山もとてつもない頭脳を持ちながら、何も知らないふりをしていた。そうして、寄ってくる人々の正体を見極めていたのだろう。
世間体など眼中になく、馬鹿と思われても一切気にしない。二人、気が合ったわけだ。
頭山の左手中指がない理由も「決して武力を使わないという誓いのため」「侍として死んだ箱田に操を立てるため」など諸説あるのだが…頭山本人の弁ではこうだ。
なに？この指を切った訳か。
これは女がくれというから、台の上へこう乗せてポンと切ったのじゃ。
ははは…それはちと怪しいかね。
余談だが、実は頭山は体質的には酒を飲めたらしい。自らこう言っている。
五合くらい放り込めぬこともないが、一向飲みたいとは思わんね。
酒を飲まんで豪傑が出来んくらいなら、豪傑をやめたがよいと考えて、わしは酒をやめたのじゃ。
俺は酒を飲まんでもいつも愉快だ。
ほかの者が酔うとるくらいは、わしは飲まんでも酔うとる。
飲んだ酒は醒めるが、わしの酔いは

「濱《はま》の家《や》」に居続け、豪遊を続けていた。
もちろん、あえて馬鹿を見せるため……だったのかどうか、こればかりはわからない。
ある時は真面目な人が忠告に来たが…
あなたは金ヅルとして騙されておるのじゃ。早くよさんと馬鹿を見るぞ！
うまく騙されてこそ面白いのじゃ。
真剣で勝負するように用心して遊んで、何が面白い？
うまく騙してくれるから毎日愉快に遊べるのじゃ。
それから、誰も忠告する者がなくなったという。
ニャー
ある年の初春、七草の日。頭山が帳場で女将と四方山話をしていると、芸者がお披露目にやってきた。

不倫やセクハラを神経質に叩きたがって、品行方正な人物しか評価しない昨今の日本社会には、もう大物は育たないな。

前年暮の28日に芝烏森の枡田屋から芸者となって出たばかり、数えで19の花盛り。名を**「おつま」**といった。
お供の箱屋に案内されてやって来るおつま。
文金高島田を結い、五つ紋の黒縮緬《ちりめん》に華やかな裾模様の着物。
帳場口に「枡田屋お妻」の染めぬいたお披露目の
「つま」と申します。
なにぶんよろしくお願いいたします。
カ

どえらい美人じゃなあ。
すぐ座敷へ呼ぶわけにはいくまいか？
お披露目の途中ですけど、頭さんのことですから、ご都合を聞いてみましょう。
ちょっと二階へ上がっていってください。
お披露目は数件を残してほとんど済んでいるというので、おつまは二階へ上がって来た。
カッ
カッ
カッ
カッ
呼んでおいて後ろ向いてお迎えですか？
それは不粋《ぶすい》というもの！
そっち向いてよかとか？

ズッキ
ズッキ
ズッキ
ズッキ
いいトシこいて心も体もごまかせんとはな〜〜〜。
未熟者じゃ。
わしゃ未熟者じゃ〜〜〜っ。
あはは
ははは
ははは
笑われて当然！ガキじゃあるまいし、こんなに猛り狂うとはっ！
なさけなか〜〜〜っ！
ズッキ
ズッキ

なんて純情な男！
わ〜〜〜っ、はずかしか〜〜っ！
このガキ！このガキ！このガキ！
ボカ
スカボカ
スカ
やめてっ！この子をいじめないでっ！
かばってくれるとねっ？こんな愚息を〜〜〜っ？
愚息じゃないっ！
おつまは、その時にいい仲になってしまった。
愚息じゃないっ！
愚息じゃないっ！
純情な息子…

それから頭山は毎日のようにおつまを呼び詰め、おつまも真から頭山に惚れていた。
流行《はやり》っ妓《こ》のおつまには伊藤博文、後藤象二郎、陸奥宗光、渋沢栄一などからお座敷がかかったが…
おつまはおらんのか？
おつまを呼べ———っ！
おつまはそれをそっちのけにして頭山のそばにいる始末。
おつま座敷はいいのか？
不純な殿方はいや！
純情な息子が好き。
ある時も…
おつまさん！
おつまさんはどこなの？
もう間にあいませんよっ！

まぁ おつまさん! まだこんな ところに!
いやだ! 離れとう な〜〜い♡
今日は東都美人投票の写真撮影がある日でしょ!
まだ髪も結わないで…
今から結ってたら、締切時間を過ぎてしまいますよ!
いまのアイドルのようなもので、人気投票なども行われ、おつまもそれにエントリーしていたのだ。
早く早く!
急かされて支度もそこそこに、人力車に乗せられ…

それで仕方なく
洗い髪姿のまま
写真に収まったのだが、
それがかえって飾りなき
清楚の趣となり大好評！
結果は見事に
優位入選。
「洗い髪おつま」の名は
全国津々浦々にまで
知られるようになった。
そんなおつまと
頭山の仲は、
その後十年以上
続いたのだった。

ゴーマニズム宣言 SPECIAL

大東亜論
最終章
朝鮮半島動乱す!

第六章

選挙干渉は悪だったのか?

山縣《やまがた》内閣は「土佐派の裏切り」によって辛うじて第一回帝国議会を乗り切り、中江兆民は議会を去った。
しかし予算削減で大幅な譲歩を強いられた山縣有朋首相は、議会運営に自信を失い辞表を提出。
辞表
代わって松方正義内閣が発足した。
濱の家
世間じゃ「黒幕内閣」とか「二流内閣」とか、
伊藤らがみんな辞退して、首相の器でもない松方にお鉢が回ってきたからな。
伊藤や山縣ら黒幕に操られた内閣だと、誰もが思っとる。
明治24年（1891）11月26日、第二議会が始まった。
議員は民党が過半数を占め、吏党（政権党）は苦しい
政府は海軍拡張を主張し、前年度比650万円増の予算案を提出。

今回は玄洋社の評価が落ちてしまう原因となった「選挙干渉」の原因を描く。選挙干渉はやはり悪だ
だが、その悪を引き受ける頭山満にも、確固たる国家観があった。それを読みとろう。

第一議会からの「民力休養・政費節減」の主張を掲げ、逆に800万円減の予算削減案を提出。
議会は紛糾した。
民党から激しいヤジが飛び交った。
前年度に軍費を増やしたばかりじゃないか！
そんなに増やして何に使うんだ？
ピンハネして私腹を肥やすつもりか？
軍事力で生きぬかねばならない時代に、軍備拡張は「悪」だと決めつけてはならない。
樺山資紀《かばやますけのり》は世に言う「蛮勇演説」を行った。
維新以来、内外の多難に克ち得て、帝国の今日あるのは誰の力ぞ！
世にいわゆる薩長政府の力ではないか！
薩長のおかげだと——!?
思い上がるな——っ！
権力を私物化しておいて何を言うか！

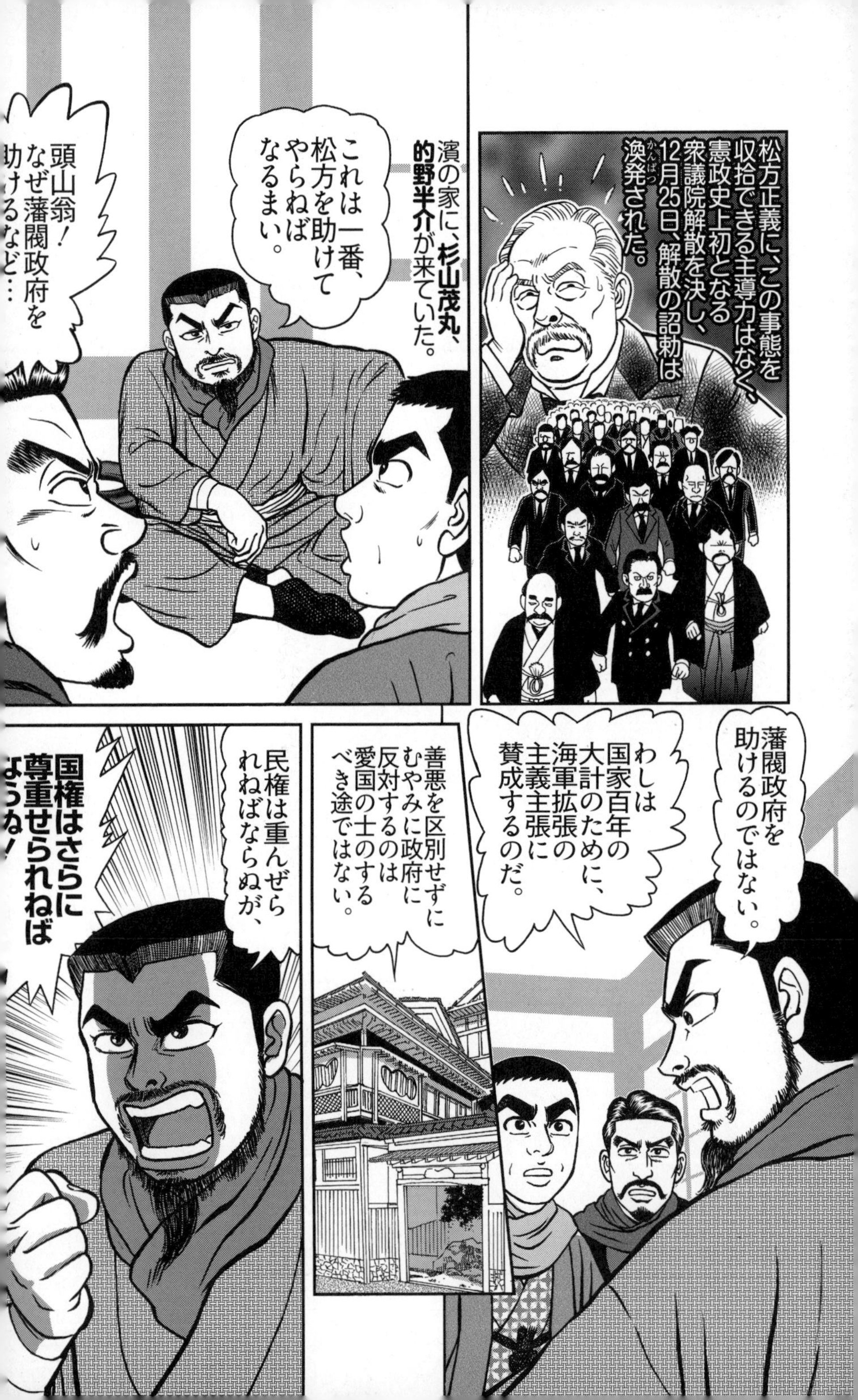
松方正義に、この事態を収拾できる主導力はなく、憲政史上初となる衆議院解散を決し、12月25日、解散の詔勅は渙発《かんぱつ》された。
濱の家に、杉山茂丸、的野半介が来ていた。
これは一番、松方を助けてやらねばなるまい。
頭山翁！なぜ藩閥政府を助けるなど…
藩閥政府を助けるのではない。
わしは国家百年の大計のために、海軍拡張の主義主張に賛成するのだ。
善悪を区別せずにむやみに政府に反対するのは愛国の士のするべき途ではない。
民権は重んぜられねばならぬが、
国権はさらに尊重せられねばならぬ！

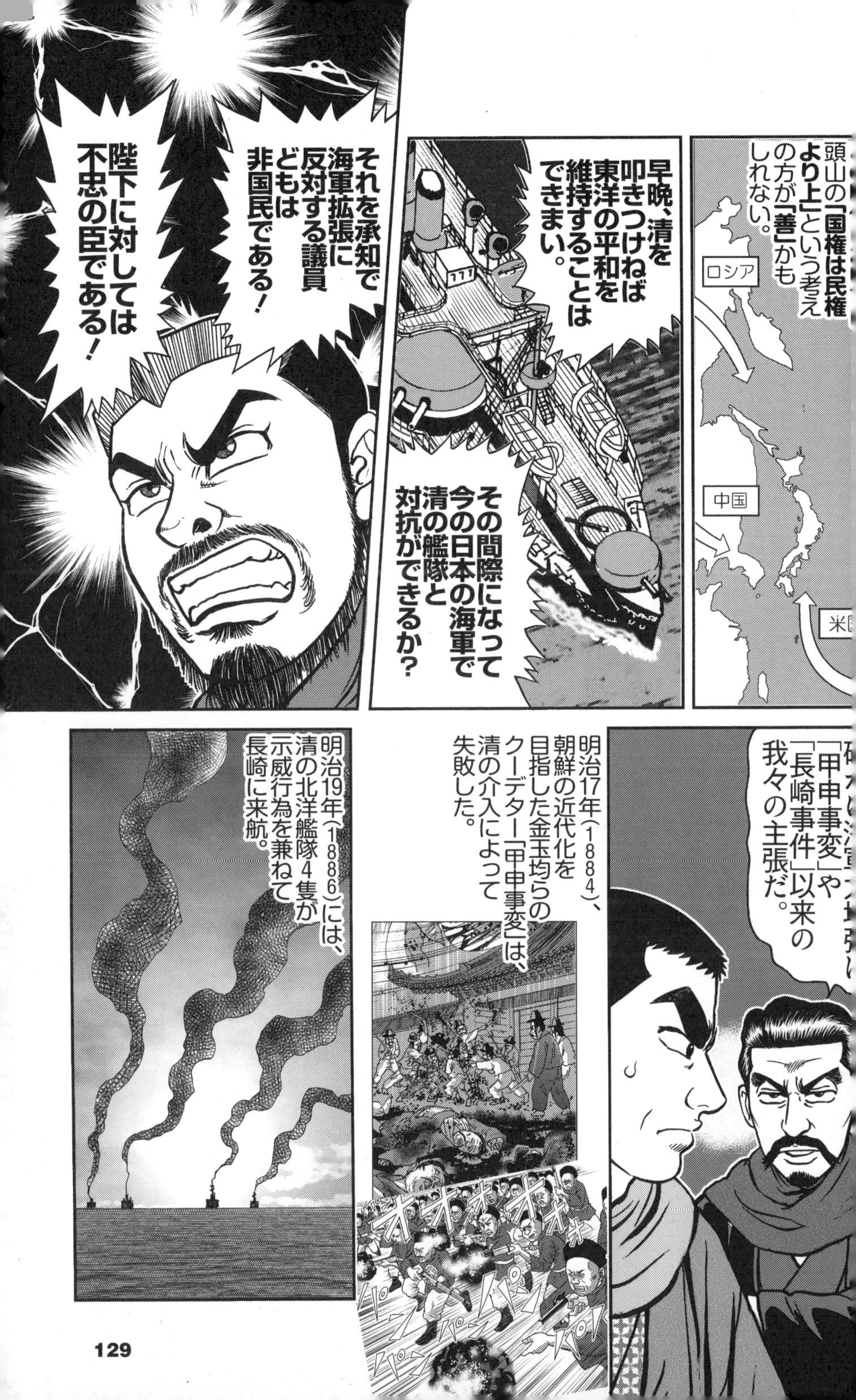
頭山の「国権は民権より上」という考えの方が「善」かもしれない。
ロシア
中国
早晩、清を叩きつけねば東洋の平和を維持することはできまい。
その間際になって今の日本の海軍で清の艦隊と対抗ができるか？
それを承知で海軍拡張に反対する議員どもは非国民である！
陛下に対しては不忠の臣である！
「甲申事変」や「長崎事件」以来の我々の主張だ。
明治17年（1884）、朝鮮の近代化を目指した金玉均らのクーデター「甲申事変」は、清の介入によって失敗した。
明治19年（1886）には、清の北洋艦隊4隻が示威行為を兼ねて長崎に来航。

提督・丁汝昌《ていじょしょう》は軍艦の上から、貧弱な日本の小軍艦を見下ろして言った。
なんだ、貴国の軍艦はこれだけか？
これを聞いて日本軍人は屈辱に耐えるしかなかった。

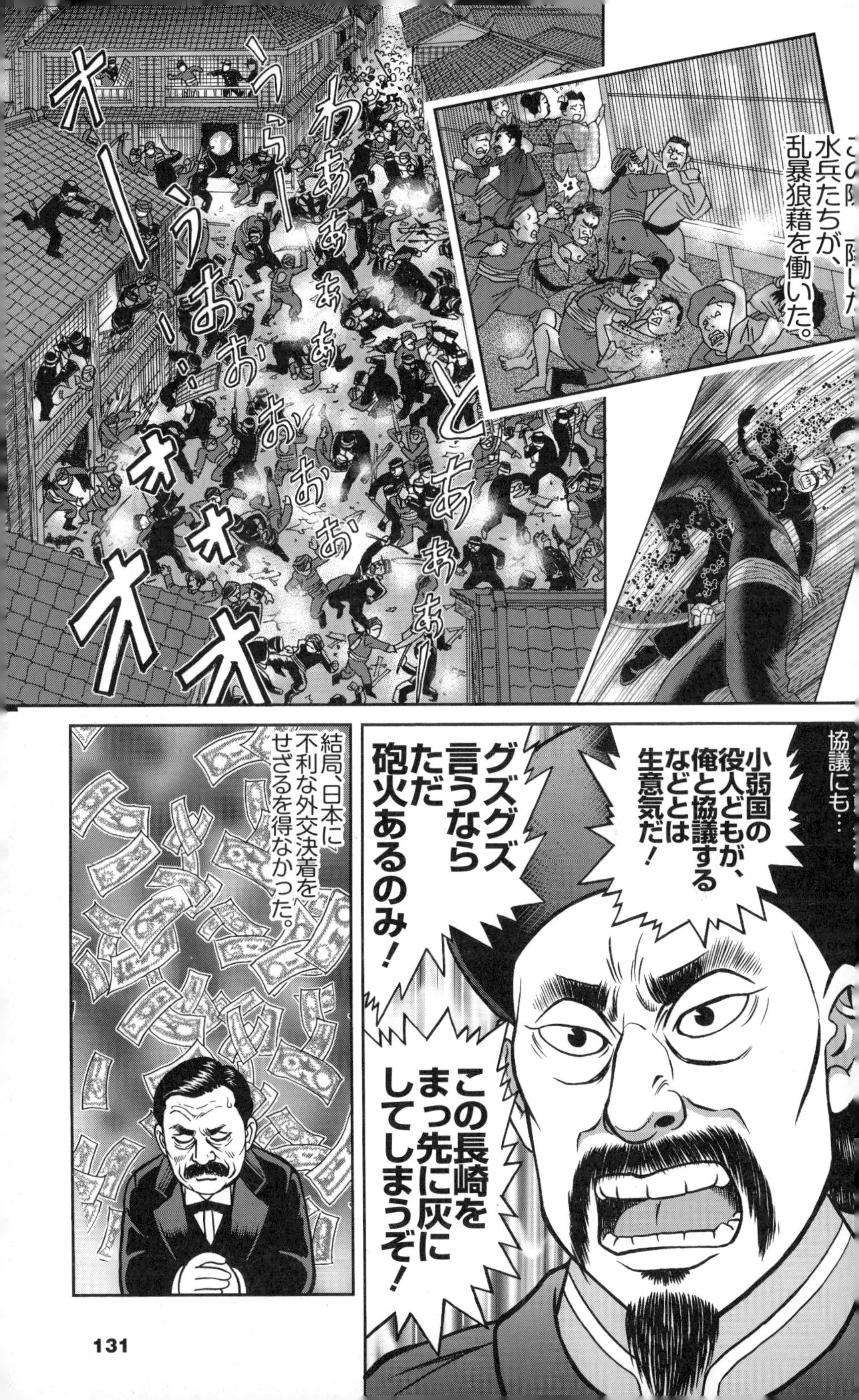

わあああああ
どあああああ
水兵たちが、
乱暴狼藉を働いた。
協議にも…
小弱国の役人どもが、俺と協議するなどとは生意気だ！
グズグズ言うならただ砲火あるのみ！
この長崎をまっ先に灰にしてしまうぞ！
結局、日本に不利な外交決着をせざるを得なかった。

自由民権運動では玄洋社は評価され、選挙干渉で評価されなくなった。しかし「民権」と「国権」はバランスを保つべきもので、特にこの時代、帝国主義の時代は、国家を強くする必要がある時代だった。

あの頃、我々も含め、民権派はそろって清国膺懲《ようちょう》の主戦論を唱え、
むしろ政府の側がそれに当惑していたはずではないか。
それを今になって軍費削減を主張するとは、論理矛盾も甚だしい。
今回、政府につくと言っても、わしらが変節したわけではない。
変節したのは民党の方だ！
清との海軍力の格差を縮めることは喫緊の課題であるのに、党利党略を国家の安危に優先させ、有権者に媚びているだけではないか！
政党が「党利党略」と「ポピュリズム」に堕してしまう事態は、もうこの時点で出現していたのである。
前年度に軍費を増やしたばかりじゃないか！
ピンハネして私腹を肥やすつもりか？

「民権」と「国権」、どちらかばかりが強力になったら、国家は健全に運営できない。頭山満の判断が
「国権」に傾いたら間違いとするのはおかしいのだ。当時の野党・民権派の堕落も考慮に入れなければならな

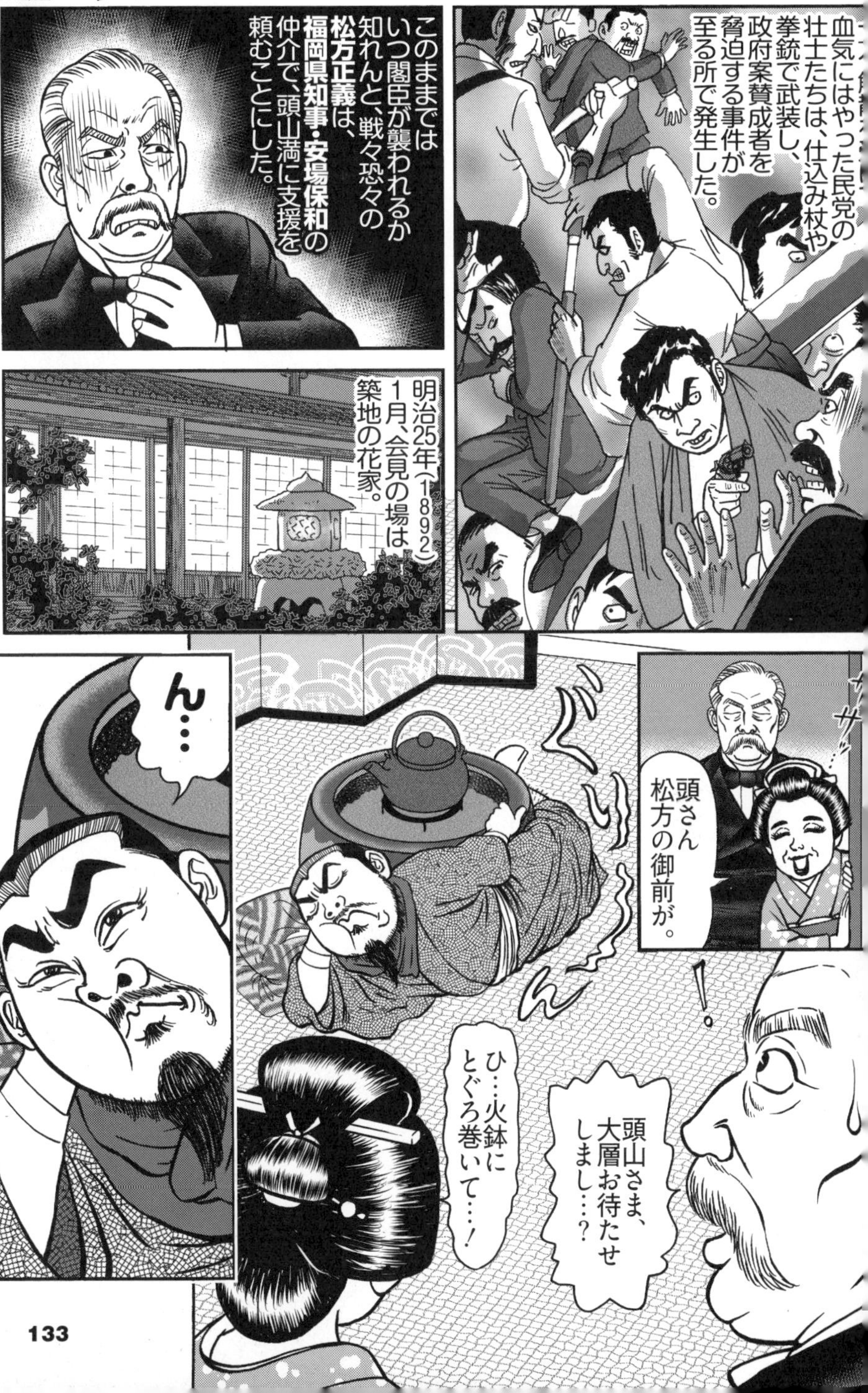
血気にはやった民党の壮士たちは、仕込み杖や拳銃で武装し、政府案賛成者を脅迫する事件が至る所で発生した。
このままではいつ閣臣が襲われるか知れんと、戦々恐々の松方正義は、福岡県知事・安場保和の仲介で、頭山満に支援を頼むことにした。
明治25年(1892)1月、会見の場は築地の花家。
サ サッ…
頭さん
松方の御前が。
ぐぅ～～ん
！
頭山さま、大層お待たせしまし…？
ひ…火鉢にとぐろ巻いて…！
ん…

頭さんは総理大臣よりえらいんだよ。
なぜって御前の方からにこにこしながらご挨拶なさるのに、寝転んだまま黙ってすましておるんだもの。
自由党の壮士どもが暴れるから抑えてくれというのかい？
造作はないさ。
しかし、あまりあんたらが怖がるから、つけあがってのさばるんじゃないか？
いやもう、ずいぶん骨も折りましたが、到底手に負えませんで、
海軍拡張案の手足を縛られておるのです。
で、あなたにお願いして、彼らを取り鎮めていただきたいので…
松方さん、一言あなたに確かめておかねばならぬことがある。

あなたはやり出したらどこまでも一貫せねばならぬ。
途中で腰をぬかすようなことがあってはいかんが、
絶対に強くやることが出来ますか？
た…たとい六千万人（全国民）を相手にしてでもやります！
他の事はお尋ねせぬ。
あなたがそう一言誓うならばわしは出来ぬ事でもする！
出来る事をするだけでは足りぬ。
出来ん事でもする!!

2月15日の総選挙に向け、松方内閣は品川弥二郎内務大臣の指揮のもと、世に悪名高き、選挙活動の大弾圧、「選挙干渉」を行った。
政府の機密費が分配され、大掛かりな買収工作が行われた。
そして買収に応じない者には、警官や壮士が民家にまで乱入して脅した。
ここの家主は民党支持を公言していると聞いた！
民党候補へ投票すると
我輩の一票は我輩の自由じゃ！
貴公らの干渉を受くる理由はない。
まして一応の断りもなく人の居宅に踏み込むとは何事だ!?
次第によっては

小癪なっ！
どうした？政府の回し者か――？
じゃまするか――っ！
ぎゃ――っ！
主だった幹部を中心に、福岡県内各地に散った。
今度は官軍でござすな？賊軍でござすな？
15年前の「福岡の変」を思い出し、そう問いかける者もいた。

飯塚には赤池炭鉱の頭領・松岡陸平が坑夫50人を率いて乗り込んだ。
ザザザザ
朝倉・嘉穂には、進藤喜平太の一隊が向かう。
ズズズ
柳川・三池には杉山茂丸的野半介が指揮する200人が入った。
ドドドド
熊本からは国権党の300人が応援に駆けつけた。
オオオオオ
頭山は大牟田の博多屋に陣取り、各方面から報告に来る有志を引見し、作戦を与えた。
何しろ手が足りんで困る。
それじゃ、すぐ加勢を送るからしっかりやれ。
勝ち負けは第二としてともかく何か爪痕を残しておけ！

うおおおおおおおおお
福岡県内各地に、
無政府状態が現出した。
ガッ ガッ ガッ ガッ ガッ
夜、日本刀で、民家の戸板に
日本刀を突き立てて歩く
一団がいた。
吏党への投票を強要する
示威行為が繰り返された。
ワオオオ
銃声が轟き、
反対派の事務所には
火がつけられ、
民党の演説会には
殴り込みがかけられた。
柳川に陣を張った
侠客、**大野仁平**。
「勇敢仁平」の異名を持ち、
かつて来島恒喜と
「常盤館の乱闘」と呼ばれる
喧嘩沙汰を起こしたが、
後に同志となり、
平岡浩太郎の炭鉱事業
などで大きな力となった
男である。
その子分、
喧嘩勘兵衛こと
小森勘兵衛が、
血まみれで帰って来た。

暗がりの事で誰が誰だか分からなかったが、向こうから来る三人連れの、真ん中が頭株らしいから、そ奴を斬った。
無茶なことをしたもんだ。やったことは今さら仕方がないが、
もし警察から調べられたら、向こうがピストルで撃ったからこちらもやむを得ず斬ったと言え。
襲われたのは敵党の領袖**永江純一**で、足首から先を切断されていた。
勘兵衛は警察で取り調べを受けたが、警察も吏党の味方なので…
向こうがピストルで撃ったから、貴様が斬ったんだろう？
ところが嘘の言えない性分の勘兵衛は…
いや、斬ったが早いか、撃ったが早いか、そんなことはわからぬ。
どーーん!!
そう言い張って、刑を受けたという。
選挙干渉は、民党勢力の強い地域ほど激しく行われた。
被害は板垣退助の出身地・高知県と大隈重信の佐賀県が最も大きく、次いで福岡県だった。
全国に血の雨が降り、死者25名、

選挙というものに
関わったばかりに、
お役人に殺されたん
だよ…
福岡県では全県の
定数9のうち、
吏党8民党1と
吏党が圧倒した。
民党系163、
吏党系137で、
選挙干渉にも
かかわらず、
民党が勝利した。
一度の選挙で
勝てるなどと
甘いことは
わしも考えて
おらぬ。
またすぐ
解散して
選挙だ。
勝つまで
解散・総選挙を
繰り返す！
松方は
必ずやり通すと
誓ったのだからな！

ところが松方は、一度で勝てると甘く見ていたようだ。
民党勝利の結果を見て、**枢密院議長・伊藤博文**は松方内閣の選挙干渉を非難する声明を発表。
内閣弾劾決議案が通過し、閣内でも当初から選挙干渉に反対していた**陸奥宗光農相**、**後藤象二郎逓相**が批判の声を上げた。
選挙干渉を主導した**内相・品川弥二郎**は辞任に追い込まれるが…
政府の連帯責任を追及する動きは収まらず、**松方内閣は瓦解**！
伊藤が後継の首相となった。

言質《げんち》を与えておきながら、途中でやめるとは何事です!?
わずかな難に遭って逃げようという心では、万死すといえども足りぬ！
これでは、伊藤、大隈、井上のような逆賊よりも、おまえの方がよほど悪い！
そんな軟弱者はただじゃすまさんぞ！
ひいっ…

ああ……
ああ……
難しい世の中になりました。
…………
頭山さん、私の身にもなって考えてくださいいっ！
こんな人を本気で責めてもムダだ……
世の中には、やると言ってやらぬ奴がおる。
わしはむしろやらぬと言ってやらぬ奴を採る。
わしはこれから何もやらぬ！
……
ぶる
ぶる
ぶる

伊藤博文に、プレッシャーをかけた。
今、閣下はご病気で医者から面会を止められております。
ごく緊急なことだから、ご病床で、ぜひお目にかかりたい。
いや、それは…
嘘つきよる。
もういっぺん行ってみよう。
翌日ー
今日は非常に緊急の用があって外出しました。
さらに翌日ー
頭山様からのお手紙が届きました。

貴様は
言を左右に托して
天下の志士に対する
とは言語道断だ。
大にしては国のため、
小にしてはお前の
心情のため
最も悲しむべきことだ。
もっと力《つと》めて
天下の士を見るようこ
天下の志士に
とは言語道断だ
大にしては國のため
小にしてはお前の心情のため
最も悲しむべきことだ
もっと力めて
天下の士を見る
この手紙を
受け取って以降、
伊藤は頭山を
蛇蝎《だかつ》のように
恐れるようになった。

伊藤博文が頭山満を極端に恐れたのは事実である。これが海軍拡張に繋がって日清戦争に勝っ
のなら、「国権」に傾いた頭山の選挙干渉を悪と断じるのも難しい。

伊東巳代治が訪ねて来て…
あれは全く取次の心得違いで、伊藤さんはそういうつまらぬ人ではありません。
私がお供しますから、どうぞお会い下さるまいか？
用があったが、今は時期が去ってしまった。
用のないのに会うのは双方無駄なことだから会わん！

これが効いたのかどうか、伊藤は明治天皇の勅語を持ち出して民党を妥協させ、海軍拡張予算を成立させた。
これがなければ日本は到底、日清戦争を戦うことは出来なかったであろう。

ゴーマニズム宣言 SPECIAL

大東亜論 最終章

朝鮮半島動乱す！

第七章

金玉均との別れ

明治25年（1892）夏
濱《はま》の家《や》
選挙干渉の挫折後、「濱の家」に引きこもっていた**頭山満**を**金玉均**が訪ねた。
イラ イラ イラ イラ イラ
金玉均よ、気持ちはわかるがあんまり焦らぬ方がいいぞ。
そうは言ってもな、日本に亡命してもう8年だぞ。
子供が大人になってしまう年月だ。
日本政府の拘束から解放されて2年にもなるのに
は何もしていない！
朝鮮の近代化革命**「甲申事変」**に失敗して日本に亡命した金玉均は、実に幅広い日本人と交友関係を持っていた。
福沢諭吉は、金玉均が李朝の高官であった時代から支援をしており、亡命後もしばらく自宅に住まわせるなど、援助を惜しまなかった。

中江兆民とも非常に親しく、北海道の開墾事業を視察し、土地の取得を検討したこともあった。
その他、実業家の須《す》永元《ながはじめ》、囲碁の本因坊秀栄《ほんいんぼうしゅうえい》、政界では犬養毅《いぬかいつよし》など、その交友は政官財から文人、軍人、有名無名を問わなかった。
誰もが金玉均に同情し、力になろうと考えたが、しかし突破口は一向に見い出せないままだった。
ほしいままにして、諸臣は頑迷《がんめい》固陋《ころう》にて時勢を知らず、ロシアに与《くみ》する者もいれば清に通じる者もいる。
ロシア
清
朝鮮
今日のごとき弱肉強食の世界に朝鮮国を維持するには、一大変革を起こすしかないのに、
私利私欲のためではないにしても、一国を保つことにはない。
このまま変革なくしてその場しのぎの安定を欲していけば、国家滅亡は免れない！

それなのに、何もできないままに時間だけが過ぎていく気持ちが、君にわかるか!?
しかしなあ、急《せ》いては事をし損ずるだ。
言っちゃあ悪いが、だから**朴泳孝**君との仲も悪くなって
金玉均と朴泳孝は共に甲申事変を起こして亡命した**「一心同体」**の盟友だった。
この前年のこと、朝鮮在住の日本人が国王の父・大院君に謁見して帰国。金玉均と朴泳孝に大院君が語ったという**「密旨」**を伝えた。
それは、両名に決起し、帰国せよと勧告するものだった。
ついに時期は来た! ただちに同志を集め朝鮮に帰り、大院君の望みに

待て玉均！閔氏との政争に敗れ、国王の父だから殺されずに済んでいるだけの大院君に付いて、何ができるというのだ？
だからこそ大院君を担いで閔氏を倒し、一気に改革を！
今の大院君にそんな力があるか！
そもそも大院君は、かつて近代化を拒んで壬午軍乱を起こした、一番の守旧派だったことを忘れたわけじゃあるまい！
昔は昔だ。この機を逃すわけにはいかない！
軽挙にかえって大患を招くぞ――っ！
血気にはやる金玉均は百方手を尽くして帰国の準備を進めるが、資金の調達ができずに断念した。
しかし聞くところによると、朴泳孝君もあえて君を遠ざけようと思っているわけでもなさそうだし…
何ならわしが仲裁に入ってもいいぞ。
実は、今日はそれをお願いに…

いたいた！
玉均先生
話がある！
なんだ？
ぶしつけな
やつだなあ。
朴泳孝君と行動を
共にしている
鄭蘭教君と
李圭完君です。
君たち
何の用だ
？
あなたは日本に
渡来以来、
品行修まらず
挙動乱れて、
借金を山と
為しながら、
身には美服を
まとって、
ぜいたく三昧に
その日を送って
いる！
その様は前途に
大望を抱き、
薪《まき》に寝て
肝《きも》を嘗《な》める(※)
朝鮮王国の
名士とは思えぬ！
よって朝鮮志士の面目を
汚したることを懺悔し、
当面の間は山間僻地に
隠棲し、精神を修養
して改心しない限りは、
朴泳孝先生との
交流は許さぬ！
精神修養
だと？
ばかばか
しい……
断わる
！
ならば完全に
絶交することに
なるが？
かまわぬ！

「薪に寝て肝を嘗める」＝臥薪嘗胆(がしんしょうたん)仇を晴らすために、あえて苦難の中に身を置いて屈辱を忘れず、将来の成功を期すこと。シナの春秋時代の故事による。

先生に
そう伝える。
これまでだ！
玉均よ、これでいいのか？
山間僻地での隠棲など、小笠原と北海道でもうたくさんだ！
精神修養で国の改革が成し遂げられるなら、いくらでもやるがな。
いっそ、大石内蔵助に倣ってみたらどうだ？
閔妃どもが全く君を警戒しないところまで油断させてしまうのだ。
もう憂国的行為などすっかり捨てて、馬鹿のありったけを尽くすがよい。
それはつまり君を見習えってことか？
わしか？うん。分かりやすい例えかもしれんね、うん。
一段と激しく豪遊を繰り返し、中でも芝浦の塩湯にはほとんど入りびたりとなった。
金は北海道配流中に函館の芸妓・**杉谷玉**を身請けし、東京に連れ帰って夫婦同然になっていた。

しかし芝では温泉旅館の女主人といい仲になり、さらにこの時期、他にも複数の女性と関係を持ち、子供も出来ていると噂された。
新聞は常に金玉均の動向に注目していた。
亡命直後はその境遇に同情し、人格の高潔さを称える論調だったが、この頃になるとゴシップ的な扱いになり、金が朝鮮改革を諦めて「帰化」や「北海道に永住」を検討していると、曖昧な根拠で非難する記事も出ていた。
そして金と朴との断交は大スキャンダルとなり、その論調はほとんどが朴泳孝を支持し、金をバッシングしていた。
その上、さらなる豪遊はバッシングに一層拍車をかけ、金玉均の名声はほとんど地に堕ちてしまった。
中にはその人物を確かめてやろうとする者も現れた。
金が東洋政策を論じ、朝鮮の前途を談じていると…
口先の慷慨《こうがい》のみでは何の用もなさぬ！

君が真に朝鮮の前途を憂うるならば、平生の遊興三昧はなんだ！
もし君が単に憂国の志士の名を借りるだけならば、いま直ちにその一命を絶ち、
君のごとき者を東洋経営の大舞台から取り除いてくれよう。
切れそうですね。
ご厚意を謝するに言葉もない。
そうして何ごともなかったように、金は時には涙を流しながら激烈な現状を憂い、時には冷静緻密に百年の計を語り続けた。
金玉均は大丈夫だ！

自衛隊明記の憲法改正ってアホか！カネの無駄づかいじゃ！9条2項削除と言ってる石破茂の方が正当じゃないか。山尾志桜里案は「戦力」も認めるし、「交戦権」の一部も解除するぞ！

濱の家の頭山のもとには実に多くの人が訪れたが、中には怪しげな者もいた。
彼は**李逸植**といって貿易商で…
朴泳孝
こいつ帽子も取らんで、無礼な奴だな…
彼は**洪鐘宇**といってフランスに留学して…
ふ〜〜ん…
荒尾精
頭山は相手にもしなかったが、この二人はいつの間にか金玉均に取り入り、十年の交わりのような付き合いになっていた。
私はパリでフランスの自由民権思想を学んできました。
なんとかそれを、朝鮮の開化運動に活かしたい！
私には清との貿易で儲けた金もありますので、微力ながらも資金の援助もさせていただきたい！
それは力強い！

芝の温泉旅館
なんとか李鴻章に会えないものか…
閔一族は、何が何でも私を殺したいに違いない。
このままでは一生帰国は難しい。
しかし、李鴻章が金玉均を使えと命令すれば、たとえ閔妃といえども逆らえないはずだ。
方法は、それしかない！
ニヤリ…
李経芳が駐日公使をやっていたことはご存知でしょう？
うむ。
私には清国公使館につてがありますから、公使館から李経芳に当たってみましょう！
そうか！それはありがたい！

そんな動きは頭山の耳にも入った。
奴らはただの鼠《ねずみ》ではない！
うかつに交わりを続けていると、九仞《きゅうじん》の功《こう》を一簣《いっき》に虧《か》く(※)ことになるぞ！
※きゅうじんのこうをいっきにかく。事が成就する寸前に、最後のわずかな油断で失敗すること。
僕もそう思っているんだが、今さらどうも仕方がない。
虎穴に入らずんば虎子を得ずというわけだ。
天は我々をただ生んでくれたのでもあるまいから
数週間後——
先生、来ましたよ！清国公使館に、李経芳の手紙が！
父・李鴻章の力を借りて、再び朝鮮政府の要路に就かせ、内政改革の志を達しさせるから、一度、上海まで出かけてこい。委細面会の上相談する。
ついに来たか！
行きましょう、上海へ！

とにかく上海に行って、李経芳に会ってみることにした。
こんな手紙など全然信用できるものか！
中止すべきだ！
いや、もう決心したのだ。
金玉均と親交のある者は一斉に引き留めようとしたが、誰にも翻意させることはできなかった。
表向きは京阪地方に旅行するとして東京を離れ、神戸から上海へ向かうことにした。
これだけ止めても、聞いてはくれんのだな…
すまん。その代わりせめて大阪まで同行してくれないか？
あいにく旅費の持ち合わせがないから行けぬ。
ボリ
ボリ
それなら、ここに二百円ある！
身の回りのものも整えるから！

自衛隊明記だけって、どこまで腰抜けなんじゃ！戦後レジームからの脱却なんて言ってたくせに。国民を愚民あつかいせずに、ちゃんと説得せい！

それと…李経芳に何か土産を持っていきたいが、何もない。
君の秘蔵の刀をくれないか？
これは三条小鍛冶の鍛えた名刀だからやれぬ！
そう言わずに、ぜひ…
やらぬと言うに二言はない。
それほど欲しければ盗んでいけ！
そんなら、盗んでいく！
モノに執着が一切なく、人が欲しいと言ったら何でも惜しみなく与えるのが常だった頭山が、「やらぬ」と言ったことは、異例中の異例だった。
それだけ特別に、思うことがあったのだろうか…

金玉均は書生の
和田延次郎を伴い、
洪鐘宇、
通訳の呉葆仁と
共に東京を出発。
大阪までは
頭山が同行した。
ギロリ…
頭山と金は
最後の一夜の
更けるまで
語り明かした。
そして翌日、
大阪に数日滞在して
準備を整えて、
神戸から上海に
渡ることに
なっている
金玉均一行を
残し、頭山は一人
東京へ戻った。
これが永遠の
別れだった。

一行は大阪にしばらく滞在して準備を整える。
岩田三和
いつもの岩田周作の名は使わないのですか？
今回は秘密裏の行動だからな。
それに、朝鮮・清・日本の三国が和同して西欧諸国の侵略を防ごうという「三和主義」が私の宿願だ。
この名こそ、いま
旅館を李逸植が訪ね、夕食を共にして談笑するが、それが済んで別れると…
あいつらは、実は私を殺しに来ている連中だ。
えっ!?
しかし私は、あの連中に殺されるような男じゃないから心配には及ばぬ。
このことは決して他言するな。
ただそういう連中であるということをお前が心得てくれればいい。
上海で上陸する際、夜中だったら、船から宿に行く途中で射殺しろ。
もし日中だったら、宿に着いた後にやっつけろ。

宿が三階だったらピストルで撃ち殺し、
二階以下だったら、短刀で刺し、
首を切ってカバンに入れて持って逃げるんだ。
途中でやるのは困る。
ならば臨機応変の場所でやれ。
もしやりそこなったらお前の首を切る！
その暗殺者を乗せた西京丸は神戸を出港した。
一方、東京では朴泳孝のグループが暗殺計画の全容をつかんだ。
李逸植は、国王の命を受けて泳孝先生、玉均先生の暗殺に来た男で、
私はその手助けを強要されて、ずっと悩んでいました…
逸植は自ら泳孝先生を生きたままカバンに入れて朝鮮に送り、
鐘宇は玉均先生を上海に誘い出して殺す計画でした。

「SPA!」連載中の『ゴーマニズム宣言』で『戦争論』（幻冬舎）の検証シリーズを始める。ネトウヨも、リベラル左翼も、恐怖に慄け！

船が上海に着くのはいつか？
27日…
今日は26日、まだ間に合う！
玉均とはたとえ絶交の間柄とはいえ、見殺しにはできぬ！
朴泳孝らは、ただちに福沢諭吉を訪ね、郵船会社から西京丸に電報を打って、金に危機を知らせるように頼んだ。
先生、おかしいと思いませんか？
朴と金は、あれだけ仲たがいしていたのに、今さらそんな話を持ってくるなんて…
もしかして、金玉均氏の計画を妨害するためのニセ情報では？
うむ…そうかもしれぬな。
郵船会社への連絡は見送ろう。
こうして、貴重な情報は伝えられることはなかった。

明治のブームらしいが、『大東亜論』こそ明治の真相が分かる作品じゃ！よう見とけよ！

西京丸は上海に到着。
一行は日本ホテル・東和洋行に宿泊した。
そして翌28日――
我々4人が気づかれないためには、清国服を着るのが一番よい。
この李逸植にもらった為替を換金して買いそろえてくれ。
この為替は偽物で、刺客たちは、それがバレないうちに事を済ませなければならず、切羽詰った状況となった。
ので、部屋でしばらく休みたい。
服が用意できたら、租界の様子を見学に行こう。馬車の用意も頼む。
それから和田君、西京丸の松本事務長を呼んできてくれないか？
はい。
金玉均は洋服の上衣を脱ぎ…
窓下にある籐の寝台に仰向けになり…

弾丸は
左の頬に命中し、

ぐおっ……

ズドン
ズドン
ズドン
その時、ホテルの横の川に浮かんでいた船で爆竹を鳴らしていたため、誰もがその音かと思った。
ドン
パン
ズドン
パン
パン
パン
パーン
ダダダダダダダ
また爆竹か？

おいッ、洪！
パパン パパン
どこに行く洪！
ドーーン
まさか…!?
金玉均が殺されたぞ！
アボジーーッ！
ウウン…
ブゴッ

明治27年（1894）
3月28日午後3時30分頃、
金玉均、暗殺さる。
享年43。

第八章
金玉均、死して日本を動かす

明治27年（1894）3月28日夜。
濱《はま》の家《や》——
たたたたた…
頭山翁っ！
金玉均が上海で！
的野半介
月成光
そうか、ついにやられたかっ！
知ってたんですか？
悪い予感しかしなかった。
だが、もはや誰も止めることは

小笠原で来島恒喜と共に金先生と過ごした日々は、私の人生の宝です。
先生は、島の誰にも慕われてました。
あはは…
カーン
わー
子供たちもみんな「アボジ」(お父さん)と呼んで…
アボジは何でも上手いけど羽根つきだけはダメね。
金先生に上海へ同行した書生の和田延次郎君はあの時の小笠原の子供の一人です。
確か今まだ18歳…今頃どんな気持ちでいることか…
毎日のように酒を酌み交わし、語り明かしました。
正覚坊(海亀)は食わんとですか？
いや、どうもこの味には慣れん。
もったいない。こんなに美味いのに。
来島恒喜
来島はいつも熱弁をふるってましたっけ…
朝鮮問題に対する政府の措置の軟弱なること、言語道断！

金玉均先生をこの小笠原の地に幽閉するなど、軟弱の上に冷酷卑劣！
我らは民間の志士が結束して朝鮮に事を挙げ、先生たちの志を為さしめ、支那の勢力を朝鮮半島から一掃し、
東亜の危局を救おうという決意を固めております！
それには福岡の玄洋社員を総動員して義勇軍の中心勢力となし、
民間有志の力のみを以て完全に目的を遂げる覚悟を必要とする！
我々がここに来たのも、南方探検で資源を発見し、開発し、その準備に当てる第一歩と
条約改正問題さえなければ、間違いなく来島は朝鮮改革に命をかけたでしょう。
だが一つ身で二つの事には当たれず…
その来島の最期を見届けたのは俺だ。
もし来島が失敗したら、俺が二の矢を放って

生きているのは、来島の遺志を継いで、金玉均先生を助け、
朝鮮改革に尽くすためだった。そのはずなのに…！
頭山翁！
俺は、金先生の仇を討ちたい！
月成光は後に閔妃暗殺に加わることになる。

上海――金玉均の遺体は宿泊していたホテル東和洋行の一号室に安置され、和田延次郎と日本人有志数人が通夜を行った。
逃亡した暗殺犯・洪鐘宇は翌未明、逮捕された。
翌3月29日朝。
上海知県（県の長官）黄承暄が
すごい人だかりだな。
さすがに大事件
一号室。部屋は知県とその書記官、居留地警察署幹部（3名・英国人）、日本領事館員、日本人医師2名とその通訳で、ほとんど満員となった。
日本領事館の方々は、立ち合いか？
いやいやいやいや、ただ見物に
日本領事館は、関わりたくないということか…

「ゴー宣道場」の門下生たちが、自律的な活動を始め、全国各地で勝手に集って動画を収録し
YouTubeで配信している。「ゴー宣道場」サイトの「門下生チャンネル」でまとめているが、彼らはもう指
待ち族ではなくなった。

簡単な質問の後、洪鐘宇の訊問が始まった。
おまえは金玉均の友人か？
反逆の徒のどこが友人なものか！
自分は国王の「勅」を奉じて討ったのであり、その「勅」は大阪にいる同志が持っている！
これがもし朝鮮王の命によるものならば、洪は罪なきのみならず、功ありと言うべきだな。
ニヤリ…
写真師が入って来た。
写真はやめてください！
知県の命令だ！
金玉均は裸にされ、写真を撮られた。
後に知れたことだが、これは暗殺の黒幕たる李鴻章に、証拠として送るためのものだった。
パシャッ

遺体は明後日、31日午前5時出航の西京丸で日本に持ち帰りたい。
道台(行政長官)と協議すべきことがあるので、一週間後に持ち帰るよう。
そんなには待てない!
ならば明日の午前10時までに何らかの報せをするから待て。
よろしくお願いする。
ギロリ…
ひっ…

号外！号外！
暗殺さる！号外!!
それから連日、新聞は一斉に金玉均暗殺を書き立てた。
スキャンダル記事まで書かれるほど、常に日本民衆の興味と関心を集めていた金玉均の暗殺は大変な衝撃を呼び、世論は沸騰した。
非業の死を遂げた金玉均を悼まぬ日本人はいなかった。
ただし、日本の政府と外交官を除いて。
翌30日午後、上海――
和田は金玉均の棺を西京丸の停泊する桟橋まで運び、すぐにも積み込めるようにしていた。
だがそこに日本領事館員がやってきて…
死体積込の件は許可にならぬ！
そんな馬鹿な！すでに日本領事館で証明書の交付も受け、郵船会社で税関の手続きも済ませている！

毎日新聞出版から『ゴー宣〈憲法〉道場』黒帯篇が発売されている。「立憲的改憲」のすべてを知りたいなら、この本がわかりやすい。

わしの思想は『民主主義という病い』と『新堕落論』(両方、幻冬舎)で、ほぼ完成しているのだが、読者がついてこれなくなったらしい。読んでも読解できないありさまだ。情けない。

That is not allow
The customs procedures are finished.
何と言っているんですか?
自分には死体引き取りの正当な権利がある!
Japanese Consulate requested.
Really?
死体積込禁止の要請は、実は日本領事館から出たものだと!
ではならないと。
何だとお!?
貴様ら、一緒に領事館まで来い!
大越総領事も副領事も和田を無視し、警官と英語で話し続けた。
警官が帰った後…
死体のことはどうなさるおつもりか?
今の奴らは下等の言葉を使うので話にならんから、警察署長の出張を促した。
何の答にもなってない!
これだけの時間、そんな話ししかしてないのか!

棺がない！
棺は？
巡査が来てかついで行って
日本郵船会社支店
支配人！君は先に積込のことを承諾して、税関の方まで斡旋しながら、なんでこんな不都合をしでかすのか？
先刻承諾の後、日本領事館より積込ならずとの厳達があったもので…
和田が呆然と深夜の路地を歩いていると、向こうから二人の男が…
金玉均の書生じゃないか。
今頃なにをうろついてる？
君たちは確か領事館の書記官だな。
遺体を紛失したそうだな。
それを盗まれる馬鹿があるか！
うわははは

アボジ…
アボジーーーッ
船室で眠り込んだ
和田は、翌朝、
船が出航したのも
気づかなかった。
大越総領事代理は
陸奥宗光外務大臣への
報告書に、こんなことを
書いている。
「小官は始めより、朝鮮政府に
逆賊として疾視され居たる
（憎しみの目で見られていた）
金玉均の死体を本邦に持ち
還りて、公然葬儀を営み、
かつ永久我が土とならしむるは、
甚だ好ましからざる義と
存じ候に付き…」
忖度し、金玉均の遺体を
日本に持ち帰らせぬべく、
あらゆる手を尽したの
だった。
ブラジル総領事などを
歴任、「有能な外交官」
として生涯を終えた。
日本政府は金玉均の
上海行の動向について、
朝鮮政府に逐一報告していた。
おおおおっ
そして日本政府から
金玉均暗殺の報を受けた
閔氏政権は喜びに沸いた。

ついに逆賊
金玉均に天誅が
下ったか！
王妃《ワンビ》媽媽《ママ》
おめでとう
閔妃
政府の高官・閔泳駿は、「歓喜のあまり、我を忘れて」日本公使館を訪ね、ソウル駐在公使・大鳥圭介にこう言った。
金玉均も
おかげで
殺されまして、
誠にありがとう
存じます！
朝鮮政府は金玉均の遺体と洪鐘宇の身柄を受け取るべく迅速に動き、
日本政府はこれに最大限の便宜を

わしはもう一度、一から描かねばならない。『戦争論』についても、「民主主義」についても、「憲法
ついても、何度も、わかりやすく、描き続けねばならない。

東京では
結成され、頭山や中江兆民も参加した。
他には副島種臣、大井憲太郎、尾崎行雄、志賀重昂《しげたか》、柴四朗らが参加していた。
「友人会」は遺体引き取りのために上海に人を派遣。
また、帰国した和田の報告を聞いて憤激した大井憲太郎らが政府を詰問するが、いずれも成果はなかった。
ガヤガヤ
ワィワィ
おつまさんがおいでです。
おう、珍しいな、時間どおりに来るとは！
おつま、最近は伊藤の座敷はかかっているか？
そりゃもう。今夜もかかっているけど、いやなら断っても…
いや、そうじゃなくて…

金玉均が殺されて、祝杯ですかな？
ズズーン
頭山満〜〜〜っ!?
な…なんの話かな？
金魚すくいなら得意じゃが、デメキンよりリュウキンかな？

LGBTの人々は「男らしさ」「女らしさ」にこだわる者が多い。その点、ジェンダーフリーとは違う。性差を
したら、男性を愛する、女性を愛するという彼ら彼女らの本能が無意味になってしまう。これ、
ことだ。

玉均は真に朝鮮民衆を思い、国を憂いていた。
最近はこんなことも言っていたなあ…
閔氏一族は民族的危機についての問題意識すらなく、私利私欲しか眼中にない。
今も鋳銭改悪で閔氏だけが金儲けをする一方で、貨幣が下落の一途をたどり、人民の生活苦は、はなはだしくなるばかりだ。
閔氏政権は、利益が侵されるのを恐れて不倶戴天《ふぐたいてん》の仇とした。
清にとっても自らが支配する閔氏政権を脅かす玉均は、憎き存在以外の何者でもなかった。
波風を立てたくない日本政府は、玉均が10年もの間、邪魔で邪魔でたまらなかった。
それをようやく厄介払いできて、清と朝鮮に恩まで売れたのだから、こんなに嬉しいことはあるまい？
そそっ…
そんなことはっ…

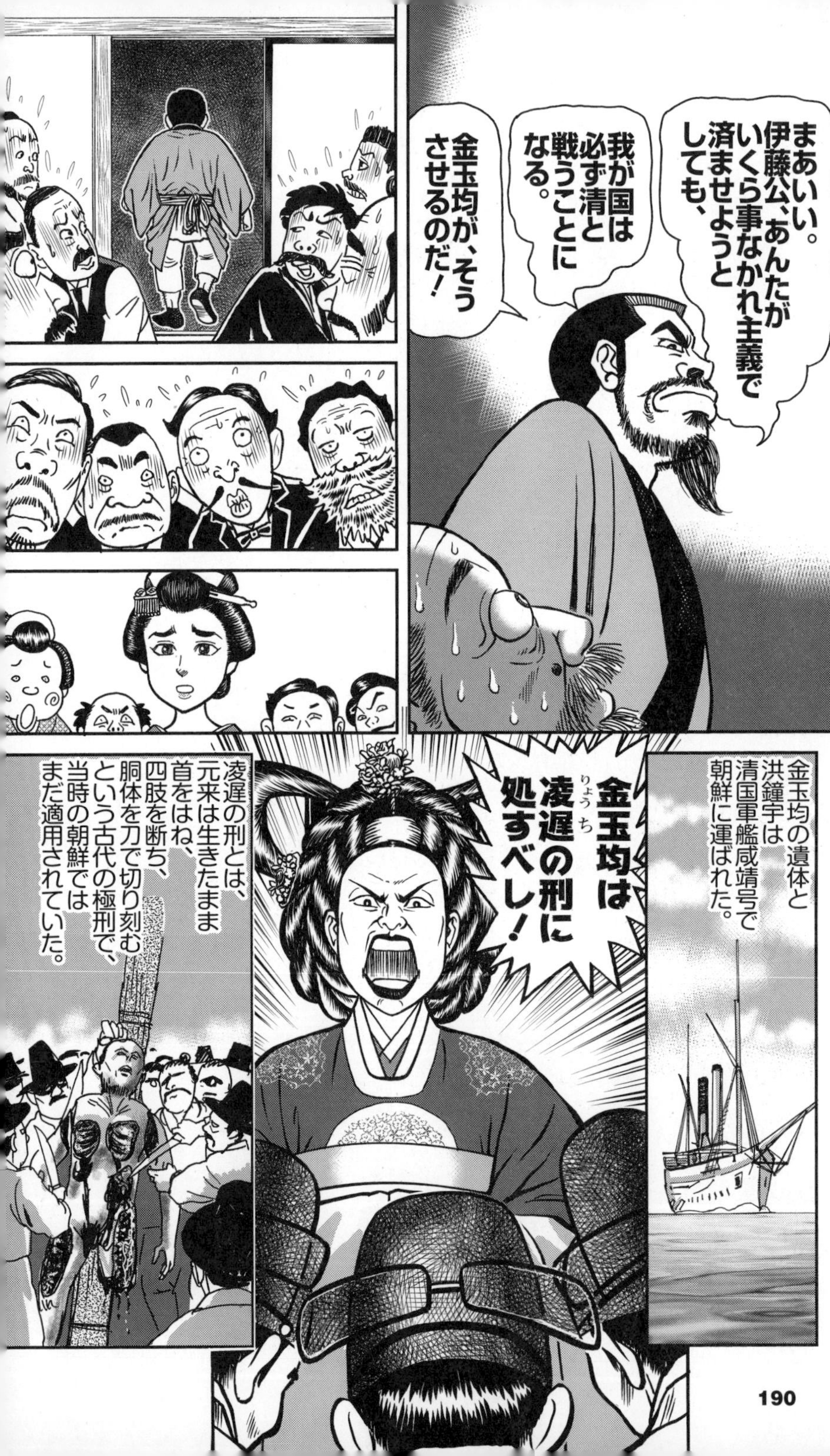
まあいい。伊藤公、あんたがいくら事なかれ主義で済ませようとしても、
我が国は必ず清と戦うことになる。
金玉均が、そうさせるのだ！
金玉均の遺体と洪鐘宇は清国軍艦咸靖号で朝鮮に運ばれた。
金玉均は凌遅《りょうち》の刑に処すべし！
凌遅の刑とは、元来は生きたまま首をはね、四肢を断ち、胴体を刀で切り刻むという古代の極刑で、当時の朝鮮ではまだ適用されていた。

わしはLGBTの人々への差別や偏見はなくすべきと思うが、憲法で定められた結婚制度を変
べきではないと考える。

バラバラに切断され、漢江・楊花津の沿岸にさらされた。
大逆不道玉均
旗の「大逆不道玉均」の文字は、洪鐘宇が書いたのだ。
死後、17～18日を経過し、しかも季節外れの暖かさのため死体は腐敗が進み、首も容易に金玉均とは判別できないほどで、周りには耐えがたい臭気が漂った。
3日間、行われた。
その間、多くの日本人が見に来て、遺髪を持ち帰る者もいた。
4月17日に胴体は漢江に投じられたが、首と四肢はその後も地方を巡回してさらされた。

閔妃め……！
閔一族め！
必ず仇は取る!!
金玉均先生は、自分の命が狙われていることを知りながら、なぜあんなに無防備に上海に出向いたのか…
無念で
いや、玉均はあれで本望のはずだ。
あいつは、これ以上日本で生き長らえても自分に価値はない、ここが命の使いどころだ
李鴻章が自分を殺そうとしていることは承知の上で、李と会い、朝鮮改革の必要を説き、翻意させることに一縷《いちる》の望みを賭けたのだ。
万に一つもない望みだが、それでも無ではないし、失敗しても、自分一人の死で済む。それともう一つ…
もう

清のくびきを
断つことができぬ。
望みは日本が
清を討ち、
清が弱体化する
ことだけだ！
それなのに
日本政府には
清と戦う意志がない。
だが、自分が清の謀略で
殺されれば…
しかもその死が
無惨であれば
あるほど…
日本国民の
清国討つべしの念は
政府にも抑えきれない
ものになる！
金玉均は、
そこまで読む
男だ！

何たる野蛮！
何たる残酷！
清の軍艦に遺体を奪われ、朝鮮に渡されたること、まさに国辱！
政府の対韓政策は「事なかれ主義」「御無事主義」なり！
政府の緩慢主義が、金玉均の遺体を鶏林八道（朝鮮全土）にさらさしめた！
「友人会」が開催した演説会は大観衆の熱気に包まれた。
衆議院議員 肥塚 龍
洪が放ちたるピストルは第一発を以て金玉均を撃破し、第二発を以て日本帝国の面目を射撃したるものにあらずや！
清国政府が特に軍艦を派し、金氏の屍骸《なきがら》を朝鮮に送りしを以て見れば、この両国こそ実に日本国の…
弁士中止！

アジアの状況はこの『大東亜論』の頃から、何も変わっていない。そこに日本人が直接かかわって何が起こるのかを描きたかった。

取り上げられた。
なんと李鴻章は、朝鮮政府に祝辞を送った！
守屋此
金玉均氏は、我々が同胞と同じく保護していた者ですぞ。
これが殺されたのに、我が国には悔やみの電報一本ない。
無礼でないか！侮辱でないか！
この十年、我が国が保護していた者が殺された、この国が侮辱されたというのに、政府はどういう対処をしているのか？
世界中で一番人の卑しいのは支那である、朝鮮である、これに向かってすら力を伸べることができぬ者が、どうして条約改正ができましょうか！
犬養毅
金玉均事件に関して日本人の顔は支那人のために泥を塗られた。
支那政府のみならず、ちっぽけな朝鮮にまで侮られた！
高田早苗
鼻毛をぬかれた泥を塗られたという事実があるではないか！
これは現・伊藤内閣の軟弱なる外交政策に原因するではないか！

これに対する陸奥外相の答弁書は、清国で起きた事件の処理を、清国政府が行うことについて、日本政府は関与すべき権限はないというもので、一層、世論の怒りの火に油を注いだ。
金玉均の葬儀は5月20日に行われた。
会葬者は2000人を超え、一亡命者の葬儀としては
その後も新聞は連日、金玉均暗殺を取り上げ、政府の弱腰を非難し続けた。
演劇会では金玉均を扱った舞台がいくつも上演され、好評をとった。
金玉均の存在はむしろ生前よりもはるかに大きいものとなっていた。
死せる金玉均が日本全国を震わせ、アジアの歴史を大きく動かそうとしていたのだ！

大東亜論
最終章
朝鮮半島
動乱す！
ゴーマニズム宣言
SPECIAL
第九章
内田良平の登場

我が盟友・金玉均の遺体をバラバラにして晒すとはっ！
金玉均の遺体を朝鮮に運んだのは清国の軍艦じゃ！
やはり朝鮮は自力で独立することはできぬ！
ロシア帝国
清
朝鮮
日本
事大主義で清に媚びたりロシアに
まずは清を討ち、弱体化させなければ、金玉均の死を賭した「朝鮮独立」の夢は叶えられぬ！
清、討つベし！
清、
清、

「SAPIO」不定期刊で『大東亜論』は最後まで描けなかったが、わし自身としては明治時代の国民国家への移行期の群像や出来事について随分勉強になった。この蓄積を活かせるときがいつか来るだろう。

命を懸けて設立した日清貿易研究所が、3年間の研修を終え、明治26年6月、卒業式を行った。
資金難により研究所はこれをもって閉鎖となった。
荒尾 精
根津 一
翌月、荒尾は上海江南路に「日清商品陳列所」を開設。卒業生の半数ほどが実習に入った。
ガヤガヤ
ワイワイ
事業が軌道に乗れば、その収益で研究所の再開もできると期待されたが…
まさか、この上海の地で金玉均が暗殺されるとは…!
日本国内には清に対する開戦論が嵐のように巻き起こっている。
もし開戦となったら、せっかく盛況の商品陳列所はどうなる?

現在「SPA!」で『ゴーマニズム宣言』を毎週連載している。「FLASH」では月一で『よしりん辻説法』を連載。「小説幻冬」では『おぼっちゃまくん』を連載している。今年はこれらの単行本が続々と発売される。

日本・芝烏森、濱《はま》の家《や》──
いまや「清、討つべし」の声は世に燃え盛っておるが、
何にせよ問題は総理が腰抜けの伊藤博文ということだ!
お座敷でそれとなく水を向けてみても、戦争なんか、とんでもないという様子でしたよ。
こんど
ぐるりっ
あの西洋かぶれが、平和主義の一辺倒だが、清もロシアも朝鮮半島を狙っているというのが分からんのか!
ほんなごて、ハラ立つ~~~~っ!
いやん。下腹部に熱い息吹きかけないで~~~~っ。
ふお~~っ…
ぶほっ…

一方の朝鮮では、金玉均暗殺とほぼ時を同じくして、さらなる動乱が勃発していた。
「東学党の乱」である。
「東学」とは、天主教（カトリック）の「西学」に対抗する、東洋の教えを標榜する新興宗教だった。
人すなわち天であり、人間みな平等なり！
両班《ヤンバン》と平民の差別はありえない！
この教えが天下に広まる時こそ、世の始まりとなるであろう！
儒教・仏教・道教を習合した教義を掲げ、これを信ずるものは災害を免れ、福寿を受けると説く単純な現世利益教だが、それゆえに貧困と搾取にあえぐ大衆の心をつかみ、度重なる弾圧にもかかわらず、信仰は朝鮮全土に広がっていた。
しかし武力蜂起も辞さないとする信徒と、穏健に朝廷と交渉して信教の自由を認めさせようとする教団指導部の間には、考えの食い違いがあった。

そんな中、全羅道の穀倉地帯・古阜で、悪徳官吏の横暴に耐えかねた農民の暴動が勃発。
東学教徒・全琫準《チョンボンジュン》は、教団指導部に背いてその指導者となった。
逐洋斥倭《ちくようせきわ》！西洋と日本の野蛮人を追い払え！
それまでも朝鮮では度々、民衆の武装蜂起が起きていたが、散発的・局地的なものに留まっていた。
だが全琫準指揮下の東学信徒たちにより、戦いは組織的なものとなって拡大。
腐敗した権力者を滅ぼせ！
全琫準は没落した両班で、父は役人の不正を訴え殺された。
30代は村の知識人として、子供たちに文字を教えていたが、
彼の住む全羅道古阜郡で役人の不正から農民の暴動が起きると、
清と日本が、この暴動に介入してきたのを見ると、全琫準は、政府に不法な税の取り立てを止めることなどを約束させ、いったん講和した。

背が低かった全琫準は農民たちに「緑豆将軍」と呼ばれて親しまれていた。
みんな！官衙へ行くぞ！
このままじゃ飢え死にだ 立ち上がれーっ！
おおおおー
緑豆将軍につづけーっ！
農民軍は全羅道を制圧する勢いとなった。
緑豆将軍ばんざーい
ワーワーワーワー
日本の一方的な勝利で進み、日本の朝鮮支配の恐れが出てくると、再び立ち上がり、日本軍に激しく抵抗した。
全琫準を、朝鮮政府は捕らえ、日本公使館に引き渡した。
影響力を恐れ、協力を求めたが、彼はそれを拒否し、処刑されることになる。

反乱軍を抑えるためには、清に援軍を要請するしかない！
王《ワン》妃《ビ》媽媽《ママ》！それだけはおやめください！
甲申事変で清の力を借りて、その後どれだけ干渉を受けたか、お忘れではないでしょう！
では、他にどういう方法があると
濱の家——
頭山翁！このままでは清が援軍を出すのは必至！
そうなれば清の干渉はこれまでの比ではなくなり、朝鮮は清に併合されてしまいます！
それを防ぐには、日本が清と戦う以外
的野半介
やはり問題は伊藤博文だな。
だが閣僚も、伊藤に追随する者ばかりではないはずだ。
例えば外相の陸奥宗光！
陸奥外相に、当局の意見を

金玉均先生が支那に横死するに至ったのは、実にわが国の屈辱であり、
この屈辱を晴らすには、清と戦う以外にない！そうじゃありませんか？
君らの言うことは書生論にすぎぬ。
一亡命客の横死をもって、ただちに国がその弔い合戦などできるわけがなかろう。
陸奥宗光
金玉均は、ただ一個の亡命客ではない！
それくらいのことはおわかりでしょう！
君らの激昂もさることながら、まだ開戦の時期ではない。
では、いつならその時期だと！
…とにかく、戦ができるか否かは、川上に聞いてくれんか？
川上…川上操六参謀次長ですか？
おい、紹介状を書いてやれ。

川上私邸——
閣下は昨年、清に出張されたそうですが、それならおわかりのはずです。
時間が経てば経つほど我々には不利になる。
今すぐ開戦する以外にないのです!
君たちの言うことはよくわかる。
しかし何分にも伊藤首相が非戦論の親玉であるから、いかなる理由があっても戦争などとは思いもよらぬことだ。
陸軍参謀次長•川上操六
しかしそれでは…
紹介状によれば、君は玄洋社の一員ということだが、元来、同社は多士済々たる遠征党の集まりと聞いている。
時局を急速に解決しようと思うのなら、誰か付け火をする者はないか?
!?
火の手が上がりさえすれば、火消しは我々の任務だから、進んで本務に就くことにするのだがなあ…

外務次官・林董《ただす》を交え、外務公邸で密談をしていた。
壬午軍乱、甲申事変では、支那に機先を制せられて失敗したのだから、今度はぜひとも日本が機先を制するだけの用意をしておかねば！
まさにその通り。清国はすでに牙山に五千の兵を送っているから、これに対抗するには、七、八千の兵を送る必要がある。
しかし七、八千の大兵を動かすとなると、閣議の決定は難しいぞ。
総理は決して了解しないだろう。
そうだ！まず一個旅団という名目で、閣議に掛ければよい。
総理は一個旅団の兵数は二千人くらいだと知っているから、それには異存はないだろう。
混成旅団となれば、兵数は七、八千になるから、実際にはそれだけの数を送り出すことができる。
妙案だ！
総理を騙すんですか？
林董
人聞きの悪いことを言うな。
誰も嘘はついていないじゃないか！
さっそく明日、閣議を開いて一個旅団の派遣を決定しよう！
あとは誰か、火を付けてくれさえすればいいのだが…

伊藤のごとき臆病者に、金玉均の弔い合戦などとは思いもよらぬことだが、さすがに川上じゃ。
事成れば功を国家に帰し、成らざれば独りその咎《とが》に甘んずるのが大丈夫の本懐！
私は直ちに同志を募り、韓半島に入って大活躍をなさんと決心しました！
川上操六、付け火をしろとはなかなか見上げたことを言う男だ！
ぜひとも、俺にも
平岡浩太郎
陸軍参謀本部――
おお！貴方が平岡浩太郎卿か。貴方のことは各方面から聞いている。
川上は旧知の如く、平岡の話に興味深く耳を傾けた。
支那は大きな牛のようなものだ。欧米列強は皆、支那を手に入れようとヨダレをたらしておる。
これを日本が指導しなければ、欧米列強がこの牛を導いて食い物にして
支那は同じく東邦に立つ我が国が指導しなければならぬ！
おっしゃる

『ゴー宣2nd①』では、昨年最も売れたという『漫画 君たちはどう生きるか』の批評、さらに女人禁制問
権力忖度システム、MeToo運動を契機としたセクハラ問題等々についても斬り込んでいます！特別収録の
や、企画&解説ページ、そして「檄文」等々も必読！『ゴー宣』らしい軽快さも増した一冊、ぜひお楽しみくださ

大陸策について定見もない。
貴下の如き先覚の士が出でて議員とならなければ、我が国の前途はどうなることか…
あいにくですが、平岡さんは頭山翁が議員にならぬのなら、自分もならぬと常に申しておりまして…
そうか…今のいわゆる議員は百姓の集まりのようで残念だ。
もし貴君らの如き武士的素養ある有志家が議会の一角にでもおられるなら、十人か十五人我々軍人は思いのままに打ち明け話をすることができようものを…
しょう！
この平岡浩太郎、平素より天下の大局に立ち、輿論を指導し、国士たるの操行を示さんことを期しておったが、今ここに、議員となることを決心しましたぞ！
え～～っ!?
的野！俺は次の選挙に福岡県下で出るけん！
お前、参謀になれ！
ま…待ってくださいよ！付け火は？

2月に『新おぼっちゃまくん』の単行本が出た。連載分と描き下ろしの作品も収録する。ギャグ漫画の醍醐味をたっぷり味わってくれ。

一方、朝鮮・釜山でも動きがあった。
当時、大陸に志を抱く志士が続々と朝鮮に渡り、
各地で梁山泊を
釜山で仙台の志士大崎正吉が開いた法律事務所に集う一派は、金玉均暗殺に憤慨、さらに東学党の乱が勃発すると…
この機を逸せず、全琫準の軍に参加して、彼らと共に反日亡国の韓国政府と多年朝鮮に巣食う清国の勢力に対して、鉄槌を加えなければならぬ！
だが我々だけの力では、どうにもならぬ。
義軍編成のための軍資金や、同志糾合の手段を
では私が、代表して上京し、在京の先輩に相談しよう。
大崎正吉
彼らが頼れる人物は、やはり頭山満以外にはなかった。
頭山は釜山の義軍計画に資金を提供、玄洋社からも人を

東学党に加勢する義軍を送り、それによって「付け火」をしようというわけだ。
もちろん、その役目はこの俺が！
お前には俺の選挙参謀をやってもらわんと困る。
そんな勝手な！
お前が行くのは選挙が終わってからでもよかろう！
まずは先遣隊を送り、お前は後から本隊を率いて行けばよい！
わが玄洋社からは誰を送るか。
一人は大原義剛がよいが、あとは…
甲《きのえ》が行きたがっておる。
あいつなら適任だろう！
内田甲《きのえ》か…
まだ若くないか？
もう二十一(満20歳)、すっかり一人前だ。
何しろ俺が鍛え上げた甥っ子だ。あいつは役に立つぞ。

ばん
甲《きのえ》…ちょうどお前の話をしていたところだが、一体何事だ？
この女、ここで聞き耳を立てていた。大方、官憲の密偵だろう。
私は、掃除をしていただけで…
ほうきも雑巾も持たず、何の掃除をしていたというのだ？
その…掃除を…。
それはご苦労だねえ。
じゃあ、駄賃をやろう。
逃がしていいいん
どう見たってはした金で雇われただけの女だ。
これだけにらまれては、しゃべる度胸などあるまい。
しかし…もうここじゃあまり大事な話は

お久しぶりです
頭山翁！
おう、立派になったのう。
内田良平、当時の名を甲《きのえ》
平岡浩太郎の実兄・内田良五郎の三男である。
お変わりなく、酒も飲まずに菓子をほおばってますな。
浩太郎叔父の家に頭山翁が来る時は、家じゅうの菓子を全部食われてしまうって、慌てて隠してたのを思い出しますよ。
わっははははは…
そんなことしてたのか？
こらっ！

3月に『よしりん辻説法』第2巻が出た。深いのに軽やかに楽しませるのが、この作品のコンセプトだ。
『ゴー宣』との差を感じながら楽しんで欲しい。

しかし、初めて平岡の家で会った時は病弱な子供だったのが、見違えるようだな。
14の時には大病で死にかけましたがね。
でも15から叔父の家に預けられて始めた武術修行で、この通り！
こいつは武術の天才だ。
たちまち柔術・弓術の達人になったからな。
赤池炭鉱じゃ、かなり鍛えられましたよ。
俺が経営する赤池炭鉱の売勘場（坑内売店）監督を任したら、見込んだ通り、18歳にして、命知らずの荒くれ者たちの起こす騒ぎを見事に抑えつけてくれた。
選挙干渉でも、大活躍だったと聞いておるぞ。
あれは初めての実戦でした。
血迷った敵が鉄砲を乱射したところを一切ひるまず、先陣率いて斬り込んだのだからな。

すでに堂々たるつわものだ！
だが、忘れてはならん。東学党は「逐《ちく》洋《よう》斥《せき》倭《わ》」も掲げておる。
彼らにとっては、腐敗した王朝や西洋列強と共に、日本も敵なのだぞ。
日本の悪徳商人が朝鮮民衆の搾取に加担し、恨みを買っていることは知っています。
だからこそ、誰かが本当の日本人の誠を見せてやらねばならないではありませんか！
浩太郎叔父！
私は12歳の時に叔父の家で志士の話を聞いて以来、ずっと大陸雄飛の志を抱き続けてきました。
今こそ念願を叶える時です。ぜひ、行かせてください！
内田良平、彼こそがアジアを舞台に勇躍する男となる！

大体の準備ができた頃、頭山の主催で、洲崎大八幡楼に志士送別の盛宴が張られた。
ワーーーー
オーー
ハハハハハ
イヤー
腕が鳴ります！朝鮮に行ったら…
しっ！
？
ここのまわりにも密偵がうじゃうじゃしておる。
雄大な意図は心中にしまえ！
ここは単なる遊蕩児《ゆうとうじ》（遊び人）の宴会じゃ！
一同は放歌高吟、夜を徹して底抜け騒ぎをしたのだった。
ハハハハハ
あはははは

下関から釜山に向かう船に
六人の志士の姿があった。
釜山梁山泊の主、**大崎正吉**。
仙台出身の志士、**日下寅吉**。
陸軍休職中尉、**時沢右一**。
二六新報主筆、**鈴木天眼**。
玄洋社、**大原義剛**。
内田甲。
総勢わずか六人に過ぎぬが、皆、一騎当千の士である。
これが見納めになるかもしれぬ本土に思いを残す者もなく、心は早くも韓半島の天地を駆け巡っていた。
いよいよだアジアよ！

彼らは釜山に待つ
同志八名と共に
義軍「天佑侠」を結成、
十四人の侍は
東学の全琫準の
軍と合流し、
伝説的な活躍を

衆議院総選挙に福岡から出馬し、当選。
的野半介は平岡を当選させるため、福岡3区の現職議員を他の選挙区に転出させる根回しを行うなど、選挙参謀として十分の活動を行った。
そしてついに念願の渡韓…のはずだったが、的野には官憲の監視が徹底的につくようになり、的野が動けば、同志にまで害が及ぶという状態となってしまい、断念せざるを得なかった。
的野も後に衆院議員となり、活躍する。
的野半介
相変わらず、濱の家にいた。
相変わらず濱の家にいながら、その眼は誰よりも雄大にアジアを見据えていた。

人は彼をこう呼んだ。
頭山即《すなわち》東洋、東洋即《すなわち》頭山
頭山満を中心とする大東亜雄飛の物語は、内田良平という国士を得て、日清戦争、閔妃暗殺事件、日露戦争、韓国併合と、激動の時代に突入していく！
未完
天佑侠

あとがき 大東亜論未完

本作『大東亜論』は掲載誌「SAPIO」の不定期刊化により、残念ながら未完で終了することとなった。

この先は、若き内田良平ら天佑侠の活躍を冒険活劇調に描いた後、日清戦争の勃発、そしてその終結後の状況を描いたところで巻を閉じ、第五部へ続くという展開を予定していた。

定番の語り口からいけば、日清戦争の勝利は明治日本の輝かしい成果であり、世界の一等国への第一歩を記した誇らしい歴史という描写になろうが、わしにはそう描くつもりは全然なかった。

わしがこの第四部の最後に描きたかったのは、「荒尾精の死」である。

本書第三章に詳しく描いた荒尾精は日清戦争が終結した後、日清両国間に経済同盟を結ぶ構想を立ててその実現を訴え、上海で清の実情を視察した。

さらに明治29年（1896）9月には台湾に渡り、台湾人と日本人の間に生じた不和や猜《さい》疑《ぎ》心《しん》を払拭し、融和して開発に当たれるよう、両者の親睦と産業振興の人材育成を目指す「紳商協会」の創立を企画して実現に奔走、10月19日、台北でその結成式を挙げた。

荒尾はそのまま台南へ行き、さらに南方視察に向かう予定だったが、出発前に病を発する。この時、現地では悪性マラリアが流行《はや》っていたため、当初はマラリアだろうと診られ、荒尾は高熱を押して活動を続けた。

だが、その病は「黒死病」（ペスト）だった。

不幸なことに、当時は実際にペストを検診したことがある日本人医師がほとんどなく、情報は不足しており、荒尾は10月27日にようやくペストと診断され、台北病院に入院した。

そして入院わずか4日目の明治29年10月30日——

荒尾精は志半ばにも満たぬまま、38歳で生涯を閉じた。

「ああ、東洋が、東洋が……」

息を引き取る間際、そう叫んだという。

頭山満は後に荒尾について、こう語っている。

「もし五十前後まで存命していたならば、無論内閣を組織していたであろう。しかもその内閣たるや、歴代の内閣中最も強固にして最も融和せる内閣であったであろうと確信する」

荒尾精が設立した日清貿易研究所で育った人材は、日清戦争で大きな活躍をしたが、実は荒尾自身は日清戦争の最中には、京都の山中で隠棲《いんせい》生活を余儀なくされていた。

荒尾の死は、再起を期して活動を再開した矢先のことで、あまりに残酷な運命と言うしかなく、その無念さは想像して余りある。

だが、なぜ荒尾は日清戦争中、隠棲を強いられたのか？

それは、日清戦争において日本はたとえ勝利を収めても、清に対しては寛大な条件で講和を結ばなければならないという主張をしたためだった。

荒尾精は西郷隆盛の遺志を継ぎ、頭山満ら玄洋社と志を共にする「大アジア主義者」であった。

アジアを分断、植民地化しようと狙う西洋の列強国に対し、東洋の諸国が連携して対抗しようというのがその思想であり、まずは日清両国の産業を興し、通商貿易を盛んにして国力の充実を図り、両国が提携して西洋に抵抗できるようにして、さらには東南アジア諸国とも同様の関係を展開するということを構想していた。

不幸にして東洋の国同士である日本と清が戦火を交えることとなったが、これは清が近代化の必要も西欧列強の脅威も理解せず、日本を小国と見下し、朝鮮を属国として従え、前近代的価値観の中に眠り続けていたからであり、この戦争の目的はあくまでも清を覚醒させ、朝鮮を独立させることにある。

だから戦争が終結した後は、清とは東洋の国同士として共に手を携え、西洋と対抗しなければならないのであり、そのためには賠償要求などはできるだけ抑えなければならないと荒尾は主張したのだった。

そこにはおそらく、西郷隆盛が戊辰戦争の際に庄内藩に対してとった態度も念頭にあったことだろう。

最後まで幕軍として戦って敗れた庄内藩に対し、官軍の総大将だった西郷は庄内鶴ヶ岡城下に兵を進める際、勝者である自軍の兵の刀を召し上げて丸腰で入城させ、逆に敗者である庄内藩の武士には帯刀を許した。敗軍といえども、武士の誇りは尊重しなければならないと考えたためだった。

これによって西郷に対する庄内藩士の尊敬の念は高まり、西郷が下野した後も、東北の庄内から薩摩まで何か月も歩いて西郷の教えを受けにやって来る者は後を絶たず、西南戦争の際には西郷軍に身を投じた者もあったという（『大東亜論』第一部「巨傑誕生篇」第三章参照）。

敵といえども戦が終われば寛大に扱い、共に未来を築いていくべきだというのが西郷の考えであり、荒尾の考えだったのである。

あとがき
大東亜論未完

しかし幕末から30年近くを経た、日清戦争開戦時の日本からはそんな武士の心は失われてしまっていた。

開戦前の日本人はまだ自国を弱小国と思い、清を大国として畏怖を感じていたから、戦いを挑むにも、これは金玉均の仇を討ち、朝鮮の独立を助け、清朝の目を覚ますためのやむない戦いであるという感覚が大勢を占めていた。

ところがいざ開戦すると日本軍が連戦連勝、実は清は「張り子の虎」で、てんで弱いんじゃないかということになると、世論は一変した。大衆の気分は舞い上がり、これまで散々威張っていた清をとことんやっつけて、賠償を取れるだけ絞り取れという意見が圧倒的となったのである。

外相の陸奥宗光が著作『蹇《けん》蹇《けん》録《ろく》』に記した当時の空気を、現代語にして紹介しよう。

「とにかく進軍せよという声以外は誰の耳にも入らず、この間もし深謀遠慮の人があり、妥当中庸の説を唱えれば、あたかも卑怯未練で少しも愛国心のない輩と見られ、ほとんど社会に相手にされず、虚しく声を飲み込んで蟄居《ちっきょ》する以外にない勢いとなった」

賠償の過大要求は将来に禍根《かこん》を残すということは、外交に詳しい者にとっては常識だったが、もう誰もそれを言えない状態になってしまっていた。

大衆の世論によって政策を誤るという事態は、既にこの時代から始まっていたと言える。

だが、荒尾はただ黙って引きこもったわけではなかった。誰も異論が言えなくなった中で荒尾はただ一人、過重な賠償や領土の割譲を要求してはならないと主張、しかも政府要人だけでなく一般国民まで説得するため、それを『対清意見』という一冊の本にまとめ、その刊行の手筈を全て整えた上で、出版後のバッシングから逃れるために隠遁《いんとん》したのだった。

『対清意見』の中で荒尾は、清が共に興亜を図るに値する国であると力説。同書はたちまちのうちに大反響を呼んだが、そのほとんどは反発だった。

しかも、京都に籠った荒尾の許には、180通余にも及ぶ疑問や反論の手紙が届いた。京都の荒尾の所在地はごく限られた人しか知らなかったはずで、その手紙はそれまで荒尾と親しく、同志とされていた人々からのものだったと思われる。これは相当にショックなことであっただろう。

荒尾はこれらの疑問や反論の意見に対する再反論を執筆、新聞に掲載させようとしたが、それを載せる新聞はなく、やむなく『対清弁妄』という本にして出版した。

しかし、荒尾の必死の訴えにも政府は一切影響されることはなく、世論も全く変わりはしなかった。

日清戦争に勝利した日本は、下関条約で清から3億円余の賠償金を得て、さらに台湾と遼東半島を得た（後に遼東半島還付金が加わり、約3億6000万円に増額）。

賠償金は当時の日本全国の銀行預金残高の2倍余、国家歳出額の約2・2

倍という巨額に及んだ。また、台湾はもともと清が「化外《けがい》の地」と呼び、自らの領土とは認めていなかったが、遼東半島は紛れもなく清の領土だった。

戦争に勝った側が、多額の賠償金と領土の割譲を要求するというのは、西欧列強のやり口そのままである。それをやられた清が、日本のことを共に提携して西洋と対峙する東洋の同胞と見るわけがなく、もはや日本は西欧列強と同等の敵であると捉えたのも無理はないことだった。

そして、フランス・ドイツ・ロシアの三国干渉に日本が屈し、遼東半島を清に返還したことから、清は西洋の諸国と日本を衝突させて「漁夫の利」を得ることを学んだ。

この発想は清が倒れた後も延々と引き継がれ、支那事変においては蔣介石の中華民国が欧米の協力を呼び込んで戦いを泥沼化させ、ついには日本と米英の直接開戦にまで至らせてしまったのである。

日清戦争の講和こそが、日本が決定的に道を踏み外した時であった。

このことだけは、どうしても描いておきたかった。

あとがき

大東亜論未完

これは、わしが今まで『戦争論』シリーズなどでも描いていなかった歴史であり、これまで描いてきた歴史観に修正を加える必要があることかもしれないのである。

清に過酷な賠償や領土割譲の要求などしたらどういうことになるか、おそらく荒尾精は全て予想していたはずで、だからこそ全力でそんなことをしてはいけないと警告を発したのだった。

しかしその警告に耳を傾ける者はなく、荒尾はただ猛烈なバッシングを受けただけで、決してやってはいけないことがみすみす行われ、予言したとおりに最悪の事態へと向かっていくのをただ見ている以外になかったのである。

なんだかとても他人事とは思えない。わしも、イラク戦争なんかやったら中東が取り返しのつかない大混乱に陥るとか、構造改革なんかやったら格差が広がって社会から活気が失われるとか、散々警告を発したのに、ただバッシングを受けただけで、今は予言の的中を苦い思いで見るほかないのである。

荒尾精は、日本が大きな過ちを犯し、東洋が危ない方向に進んでいくことを認識しつつ、そんな状況の中でも個々の事柄について東洋の連携のために、一日本人として最善を尽くそうと悲壮な決意をして臨みながら、そのスタート地点で斃《たお》れたのだった。

「ああ、東洋が、東洋が……」と叫んで。

かつて日本は、西欧列強のマネをして朝鮮に砲艦外交を仕掛けた。

明治8年（1875）の「江華島事件」である。

西郷隆盛はあくまでも東洋王道の道義外交を行うべきと考え、朝鮮に対しては、自分が使節となり礼節を尽して説得すれば、必ずや友好関係を築けると確信していた。

だが大久保利通は、既に決定していた西郷使節派遣を握りつぶして西郷を下野させ、西洋覇道の威圧外交を模倣した。朝鮮は弱いと侮《あなど》る一方で、西欧は強いと怖れ、西欧の介入がないという確信を得た上で、朝鮮に砲艦外交を仕掛けたのである。

西郷はこれを「天理において恥ずべき所為」と激烈に非難した（『大東亜論』第二部「愛国志士、決起ス」第八章参照）。

日本は朝鮮に対しては江華島事件で決定的な誤りを犯し、シナに対しては日清戦争後の下関条約で決定的な誤りを犯した。

しかも江華島事件は大久保ら政府要人だけの判断で行われたのに対して、下関条約はほとんど国民の総意を受けて行われたのである。

この時点で、ほとんどの日本人から西郷隆盛が唱えた東洋王道の道義は失われていた。大久保利通が唱えた西洋覇道の論理、弱肉強食で勝った者が全てだという、道義もへったくれもない日本人ばかりになってしまっていたのだ。

そしてその状況は今なお続いている。国の独立すら忘れて、ただ強い者についていればいいのだと、ひたすらアメリカ追従を続ける者ばかりなのである。

昨年（2018）は「明治150年」などと言われたが、特に保守を自称する者には明治を礼賛する者が多い。

だがそれは、単に「勝った」歴史だからである。大久保利通的な西洋覇道、弱肉強食の論理で礼賛しているだけなのである。

わしはそんな明治礼賛史観は支持しないし、かといって左翼が言うような、単に日本が侵略国になった歴史だとする自虐史観に与《くみ》するつもりもないのだが、明治とは、日本が大切なものを喪失していった堕落の時代だと思っている。

その大切なものとは、武士の魂であり、西郷隆盛の東洋王道の道義である。

『大東亜論』とは、最後の武士たちが、東洋王道の道義を復活させようとして戦い、そして敗れ去っていく物語である。

あとがき

大東亜論未完

この物語を描くことで、わしは近代化の中で日本人が失ったもの、取り返さなければならないものとは何かを明らかにしたかった。

それを描き切ることができなかったことは残念でならないが、描いていく過程で学んだことは無数にある。それは必ず、今後何らかの形でわしの表現の中に現れてくることだろう。

ご愛読を感謝します。

小林よしのり

参考文献

●葦津珍彦『大アジア主義と頭山満』葦津事務所
●葦津珍彦『永遠の維新者』葦津事務所
●幸徳秋水著、飛鳥井雅道編・解説『幸徳秋水集』筑摩書房
●井川聡『頭山満伝』潮書房光人新社
●井川聡・小林寛『人ありて 頭山満と玄洋社』海鳥社
●石瀧豊美『玄洋社 封印された実像』海鳥社
●石瀧豊美『玄洋社発掘 もうひとつの自由民権 増補版』西日本新聞社
●井上雄二『巨人荒尾精』佐久良書房
●内田良平研究会『国士内田良平 その思想と行動』展転社
●姜健栄『開化派リーダーたちの日本亡命』朱鳥社
●玄洋社社史編纂会『玄洋社社史（復刻版）』明治文献
●黒龍会編『東亜先覚志士紀伝（復刻版）』原書房
●黒龍倶楽部編『國士内田良平傳』原書房
●琴秉洞『金玉均と日本――その滞日の軌跡』緑蔭書房
●佐藤垢石『興亜の先駆者 荒尾精』鱒書房
●滝沢誠『評伝 内田良平』大和書房
●頭山統一『筑前玄洋社』葦書房
●頭山満翁正伝編纂委員会編『頭山満翁正伝 未定稿』葦書房

●中江兆民『三酔人経綸問答』岩波文庫
●平井駒次郎『頭山満と玄洋社物語（正・続／合本復刻版）』葦書房
●藤本尚則『巨人頭山満翁（復刻版）』谷口書店
●藤本尚則編『頭山精神（復刻版）』葦書房
●藤本尚則編著『頭山満翁写真伝（復刻版）』葦書房
●松永昌三『中江兆民と植木枝盛 日本民主主義の原型』清水書院
●松永昌三『中江兆民評伝』岩波現代文庫
●的野半介監修『来島恒喜（復刻版）』重遠社出版部
●村上武編著『東方斎荒尾精先生遺作覆刻出版』靖亜神社先覚志士資料出版会
●米原謙『植木枝盛 民権青年の自我表現』中公新書
●渡邊行男『守衛長の見た帝国議会』文春新書

本書は、上記資料に加え、取材から得た
著者本人の着想を取り入れ、物語を構築しております。

初出一覧

第一章～第九章――『SAPIO』（小学館）
2017年9月号～2019年1・2月号。

スタッフ

構成　時浦兼・岸端みな
作画　広井英雄・時浦兼・岡田征司・宇都聡一
装画　伊藤大朗
ブックデザイン　鈴木成一デザイン室
編集　中澤廉平

ゴーマニズム宣言 SPECIAL 「大東亜論」シリーズ

好評既刊

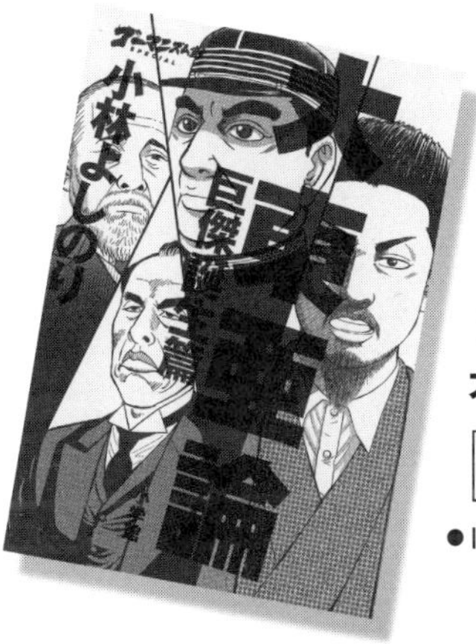

頭山満はアジアの連携を模索し、
西欧列強の帝国主義に対抗しようとした。
玄洋社の社員だった来島恒喜は、
屈辱的な条約改正を推進する
大隈重信に爆弾を投擲する。

『大東亜論 巨傑誕生篇』

●ISBN978-4-09-389747-1　定価:本体1,800円+税

時は玄洋社結成前に遡る。明治維新を
成し遂げた薩長藩閥は、専制に堕していた。
維新をもう一度やり直そうと士族たちは
各地で決起し、壮絶な死闘を繰り広げる。

『大東亜論 第二部
愛国志士決起ス』

●ISBN978-4-09-389762-4　定価:本体1,800円+税

士族最大の決起である西南戦争で
西郷隆盛は敗れる。志士たちは武力ではなく、
言論によって藩閥政府を倒そうと、
あらたな戦い、自由民権運動を起こす。

『大東亜論 第三部
明治日本を作った男達』

●ISBN978-4-09-389773-0　定価:本体2,000円+税

ゴーマニズム宣言SPECIAL

大東亜論最終章
朝鮮半島動乱す！

二〇一九年六月二日　初版第一刷発行

著者　小林よしのり
発行者　飯田昌宏
発行所　株式会社小学館
〒一〇一-八〇〇一　東京都千代田区一ツ橋二-三-一
電話　編集〇三-三二三〇-五八〇一　販売〇三-五二八一-三五五五
印刷所　共同印刷株式会社
製本所　株式会社若林製本工場

ISBN978-4-09-389783-9